RAMTHA - UNSER LEBEN

von Dr. Russ Michael

in einer Übersetzung
von Gertraud Geyer

Ramtha - unser Leben

von Dr. Russ Michael

in einer Übersetzung
von Gertraud Geyer

Edition RAMTHA, 86971 Peiting

Impressum

Ramtha - unser Leben

Bd. 12

von Dr. Russ Michael

in einer Übersetzung

von Gertraud Geyer

Titelseite Petra Friebel

ISBN 3-89539-061-5

1. Auflage 08/98

Inhalt

Vorwort von Michael

Ramtha - unser Leben ist eine Sammlung von einhundert Geschichten, die uns von denen geschenkt wurden, deren Leben auf wunderbare Weise von RAM berührt wurde. Viele weitere Geschichten sollen später noch enthüllt werden.

In jeder dieser Erzählungen steckt wahrlich Wundersames: Einige handeln von der wunderbaren Heilung des Körpers, andere erzählen von der wunderbaren Heilung einer Lebenseinstellung. Alle diese Geschichten sind denen von uns zu eigen, die sie selbst erlebt haben. Sie haben unser Leben in den meisten Fällen auf dramatische Weise verändert. Jede Erzählung ist einzigartig - nicht zwei gleichen einander. Wie könnte das auch jemals sein? Denn jede wurde von einem einzigartigen Menschen erlebt.

Ich stehe mit Leuten in Verbindung, die die Lehre von RAM empfangen haben, und ich stelle fest, daß diejenigen, die ihr Leben nach der Lehre ausrichten, die unabhängigsten Seelen auf der Welt sind. Sie tun, was sie tun wollen, und das auf ihre eigene Art und Weise, in ihrem eigenen Tempo und in ihren eigenen räumlichen Möglichkeiten. Wenn du einer dieser unabhängigen Meister bist, dann sage wieder und wieder Dank für deinen Frieden und deine Freiheit.

Dieses Buch ist ein Werk der Liebe. Ich habe zuvor bereits fast ein Dutzend Bücher geschrieben, in denen ich den Lehrer spielte. Und als Lehrer spielte ich ganz eindringlich die Rolle eines Retters der Welt. Diese Rolle habe ich jetzt weit hinter mir zurückgelassen. RAM lehrte mich, daß niemand der Retter für einen anderen sein kann. Denn das ist einfach eine weitere Art der Tyrannei: du bringst andere dazu, alles auf deine Weise zu sehen und deiner Wahrheit zu folgen. Das Gewicht der ganzen Welt schien mir von den Schultern genommen, als ich - dank unseres geliebten Bruders - einsah, daß ich nur mich selbst retten mußte. Dieses Wissen hat mir eine Quelle des Friedens, der Freude und des Verstehens beschert, die mit Worten nicht zu beschreiben ist. Ich bin kein Lehrer mehr. Wie du nehme ich einfach am Leben teil und beobachte, wie alles sich der Göttlichkeit nähert.

Ramtha - unser Leben hat mir als Schriftsteller ein großes Privileg gewährt, da ich der Sammler dieser inspirierenden, wahren Geschichten sein darf. Ich möchte den Meistern danken, die ihre Erfahrungen mit mir geteilt haben und deren Geschichten hier niedergeschrieben sind, damit du daran teilhaben kannst. Mögen diese Erzählungen dich aufrichten und zu einer größeren Göttlichkeit anregen. Und ich hoffe, du wirst in Liebe auch andere daran teilhaben lassen.

Jeder einzelne zählt

RAM teilte seinen Zuhörern mit, daß jeder einzelne von ihnen etwas Besonderes sei, daß er geliebt werde und daß er schmerzlich vermißt würde, wäre er nicht bei dieser speziellen Zusammenkunft anwesend. Eine sympathische Meisterin sagte, daß diese Aussage von RAM sie mehr beeindruckt habe als alles andere an diesem Tag, ganz einfach deshalb, weil sie schon seit so langer Zeit ein tiefes Gefühl der Wertlosigkeit in sich getragen hatte. Es schien fast unvorstellbar, daß sie selbst zählte, daß sie wirklich von der Gruppe vermißt würde, wäre sie nicht gekommen.

Später in dieser Woche kehrte sie nach Hause zurück und entdeckte, daß einer ihrer Büsche in eine berauschende Pracht wundervoller großer Blüten aufgeblüht war. Sie war von dieser Schönheit beeindruckt und geblendet. Ihr erster Gedanke war, hinüberzugehen und eine der riesigen Blüten abzuschneiden, um auch die Atmosphäre im Inneren ihres Hauses in dieser Pracht erstrahlen zu lassen. Sie fühlte sich jedoch gehemmt, diesen Gedanken auszuführen. Denn ein Teil ihres Wesens betrachtete die liebliche Symmetrie und die schöne Ausgewogenheit des Blütenbusches. Dieser Teil konnte sich ganz und gar nicht mit dem Gedanken anfreunden, eine der Blüten von diesem Busch wegzunehmen.

Plötzlich erinnerte sie sich an das, was RAM gesagt hatte, wie man sie vermißt hätte, wäre sie nicht ein Teil der Gruppe bei der Zusammenkunft gewesen. Sie brach in freudiges Weinen aus, denn jetzt verstand sie, daß auch sie eine wunderschöne Blüte war, die zum Leben erwachte. Sie würde sich nicht länger wertlos fühlen, als käme es auf sie nicht an, denn wie die Blüten am Busch wurde jeder einzelne geliebt und gebraucht, und wenn nur eine der Blüten entfernt würde, dann würde es schmerzlich bemerkt, und alles wäre verändert.

Die Katze

In Yelm, Washington, erzählten Linda und ihre Mutter Mary mir ihre
Geschichte von der materialisierten Katze. Sie waren immer noch von
Aufregung erfüllt, aber sie wechselten sich höflich ab, um all die
wichtigen Einzelheiten berichten zu können.

Linda fing an zu erzählen. Ein unglaubliches Ereignis trug sich zu, als
sie von ihrem Campingplatz in Kalifornien abfuhren. All ihre persönlichen Habseligkeiten waren sicher in ihrem Wohnwagen verstaut.
Die größte ihrer drei Katzen war im größeren ihrer zwei Katzenkäfige
eingeschlossen. Die zweite Katze war im kleineren Käfig unterge-
bracht, aber die dritte, die Lieblingskatze, ein kleines Kätzchen,
konnte nirgends gefunden werden. Linda und ihre Mutter suchten
alles ab, hatten jedoch keinen Erfolg.

Während Linda auf der Suche nach dem Kätzchen die ganze Cam-
pinghütte auf den Kopf stellte, entdeckte sie ein kleines Loch in der
Wand hinter einem Schlafzimmerschrank. Sie dachte, das kleine
Kätzchen könnte sich da durchgezwängt haben, deshalb nahm sie
eine Taschenlampe und trat nach draußen in die Dunkelheit. Sie ging
langsam mehrere Male rund um die Hütte, bückte sich und rief unter
der Hütte nach der vermißten Katze. Aber sie erhielt keine Antwort.

Dann sprach Mary. „Während ich die Katze im kleineren Käfig zum
Wohnwagen trug, öffnete sich die Käfigtür, und die Katze sprang
heraus. Sie flitzte zum nächsten Baum. Ich war müde, denn ich hatte
den ganzen Tag über gepackt, und es war dunkel. Ich konnte kaum
etwas sehen. Ich rief die Katze, aber sie lief jedesmal vor mir davon,
wenn ich in ihre Nähe kam. Nach einer halben Stunde lockte ich sie
endlich zu mir und setzte sie zurück in den Käfig. Ich ging nur ein
paar Schritte Richtung Wohnwagen, da flog die Käfigtür auf, und die
Katze sprang wieder heraus." Jetzt fügte Linda hinzu: „Ich kam heraus, um zu helfen, und bemerkte, daß beide Scharniere an der Käfigtür locker waren, so daß ich einige Schrauben herauskramte und die
Scharniere wieder festmachte, während Mama hinter der Katze her-
jagte."

„Schließlich konnte ich sie einfangen", sagte Mary. „Aber ich war es
wirklich leid, Katzen zu jagen, nachdem ich schon den ganzen Tag

am Packen und Umziehen war. Sobald ich sie eingefangen hatte, steckte ich sie wieder zurück in den kleinen Käfig, den Linda repariert hatte, und trug sie in den Wohnwagen. Die andere Katze war bereits in ihrem großen Käfig im Wohnwagen eingesperrt, deshalb stellte ich den kleinen Käfig daneben."

„Uns fehlte immer noch eine Katze", sagte Linda lächelnd. „Nach all dieser Sucherei und dem Reparieren des Käfigs war ich so erschöpft wie Mama, aber ich wollte immer noch nicht ohne mein süßes kleines Kätzchen abfahren. Ich war verzweifelt. Schließlich zwang ich mich zur Ruhe und wandte mich an RAM. Ich sagte ihm, daß ich ihn noch nie zuvor um etwas gebeten hatte, aber daß ich dieses kleine Kätzchen liebte und ohne es nicht wegfahren wollte. 'RAM, bitte hilf mir, es zu finden', bat ich. Ich erwartete, daß ein Zuversicht spendender Windhauch mich liebkosen würde, aber nein - nichts! Es war sehr dunkel, sehr still, sehr ruhig, und nicht das leiseste Lüftchen regte sich. Niedergeschlagen sah ich um mich, während ich laut zu mir selbst sprach: 'Du wirst wohl irgendwo anders gerade beschäftigt sein.' Halbherzig suchte ich weiter nach meiner Katze.

Da ich wußte, daß Mama wirklich müde war, und ich auch müde war, sagte ich schließlich zu ihr, daß ich sie in das Motel ein paar Kilometer weiter bringen wollte, wo wir ein Zimmer reserviert hatten. Ich sagte, ich wollte ein paar Stunden mit ihr zusammen ausruhen und dann noch einmal zurückkommen, um ein letztes Mal nach dem Kätzchen zu suchen. Wir stiegen beide ein, und ich fuhr langsam zur Ausfahrt des Campingplatzes.

Etwa zwanzig Fuß vor der Ausfahrt hörten wir, wie eine der Katzen hinten im Wohnwagen laut zischte und fauchte. Voll Schrecken hielt ich den Wohnwagen am Straßenrand an, und wir sprangen heraus und öffneten die hintere Tür. Wir wollten beide unseren Augen nicht trauen! Dort im größeren Käfig neben der anderen Katze stand mein vermißtes kleines Kätzchen. Die Käfigtür war immer noch fest verschlossen und versperrt. Es war ein Wunder."

Mary sagte, daß ihre Müdigkeit verschwunden war, und stattdessen empfand sie ein Gefühl der Ehrfurcht, während sie zu ihrem Motel fuhren. Sie wußten, daß ein sehnsüchtiges Gebet wirklich erhört worden war.

Der Bettler am Strand

Aus der Fülle der Bettlergeschichten, die über RAM in Umlauf sind, wurde mir diese von einem aus Oregon stammenden Meister mit Namen John erzählt. Während eines persönlichen Gesprächs mit RAM bat John darum, ihm während seines bevorstehenden Urlaubs auf den Kanarischen Inseln zu erscheinen. John plante, bereits in wenigen Wochen auf den Inseln Urlaub zu machen.

RAM dachte einen Augenblick nach, dann sagte er ihm, daß er während seines Urlaubs als Bettler erscheinen werde. Er schärfte John ein, daß er sofort nach dem Treffen mit einem Bettler einen langen Spaziergang am Strand machen müsse. So sollte es sein! Freudig versprach John, dem Wunsch nachzukommen.

Einige Wochen später war John an seinem Urlaubsort. Er hielt fünf Tage lang Ausschau, aber nirgends war ein Bettler zu finden. Es sah so aus, als hätte die Handelskammer (die Vereinigung der Geschäftsleute) alles getan, um auf den Inseln die Bettler von den Touristen fernzuhalten. An seinem letzten Urlaubstag traf er schließlich auf eine Bettlerin. Sie machte den Eindruck, als bräuchte sie wirklich etwas zu essen. John holte eine ganze Handvoll Geld heraus, das die Bettlerin dankbar annahm.

John erinnerte sich an das Versprechen, nach dem Zusammentreffen mit einem Bettler gleich einen Spaziergang am Strand zu machen. Deshalb wandte er sich sogleich dem Strand zu und ging los. Als er eine Stunde gegangen war und sich gefragt hatte, was wohl als nächstes kommen würde, entschloß er sich umzukehren. Als er sich umdrehte, blickte er hinab auf den goldenen Sand, der von einer Welle frisch überspült worden war. Was er sah, erfüllte seine Seele mit Ehrfurcht. Von unbekannter Hand stand in großen Buchstaben deutlich in den Sand geschrieben:

„Ich liebe dich sehr, Meister!"

Perlen und Schokolade

Meine Zimmergenossin Laya und ich erlebten eine herrliche Offenbarung.

Es geschah etwa eine Woche bevor Laya im Oktober 1986 an der Zusammenkunft mit RAM in Yucca Valley teilnehmen wollte. Wir waren unterwegs beim Einkaufen und blieben vor dem Fenster eines Juweliergeschäfts stehen, um eine Perlenhalskette und das dazu passende Perlenarmband zu bewundern. Laya war drauf und dran, einfach hineinzugehen und beides zu kaufen, aber sie brauchte ihr Geld für die Reise nach Yucca Valley. Meine eigene finanzielle Situation verhinderte, daß ich ihr den Schmuck als Geschenk kaufen konnte. Daher blieben wir nur noch ein paar Minuten davor stehen und bewunderten die Schönheit des Schmucks, dann gingen wir weiter.

Am Tag ihrer Abreise nach Yucca Valley fragte Laya mich, ob es irgendetwas gäbe, das sie mir bei der Durchreise durch San Francisco mitbringen könnte. Zuerst sagte ich nein, aber nach einer kurzen Überlegung erinnerte ich mich daran, wie sehr mir die Ghirardelli-Schokolade schmeckte, die dort hergestellt wird. Daher sagte ich, daß ich mich freuen würde, wenn sie mir etwas Ghirardelli-Schokolade mitbringen könnte.

Ich brachte eine strahlende Laya, die sich unheimlich auf das Treffen mit RAM freute, zum Flughafen von Seattle. Sie sagte lächelnd, daß sie nicht vergessen würde, mir Schokolade aus San Francisco mitzubringen.

Als Laya eine Woche später zurückkam, holte ich sie vom Flughafen ab. Das erste, was sie mir sagte, während wir nach Hause fuhren, war, daß sie schreckliche Kopfschmerzen gehabt hatte, als sie in San Francisco landeten, und daß sie während der Stunde Aufenthalt auf dem Weg nach Palm Springs an Bord geblieben war. Es tat ihr leid, daß sie nicht die Gelegenheit gehabt hatte, in San Francisco die Schokolade zu kaufen, die ich mir gewünscht hatte. Als sie die offensichtliche Enttäuschung auf meinem Gesicht sah, sagte sie schnell, daß sich jedoch eine Packung Schokolade auf ihrem Bett im Frauenschlafsaal in Yucca Valley manifestiert hatte. Da niemand im Schlafsaal wußte, woher die Packung kam und wie sie auf ihr Bett gelangt war, entschied Laya, daß sie für sie gedacht war. Deshalb packte sie die Schachtel in ihren Koffer, weil sie wußte, daß ich mich darüber freuen würde, auch wenn es nicht die Sorte war, die ich aus San Francisco gewollt hatte.

Als wir zu Hause ankamen, packte Laya aus und gab mir die Schokolade. Ich konnte es zunächst gar nicht glauben. „Das ist Ghirardelli-Schokolade", sagte ich und zeigte ihr den Namen auf der Packung.

Sie war sehr überrascht und sagte, sie hatte das Firmenzeichen gar nicht bemerkt. „RAM muß sie für dich manifestiert haben", erklärte sie mit einem warmen Lächeln.

Ich schüttelte den Kopf voll Verwunderung, während ich die Packung aufmachte und die Schokolade genüßlich aß. Ich war voll Dankbarkeit für die Quelle des herrlichen, offensichtlichen Wunders.

Ein paar Minuten später hörte ich einen lauten Freudenschrei. Laya kam aus ihrem Zimmer gerannt und hielt eine Schmuckschatulle in der Hand. „Danke, danke!" rief sie voll Freude.

„Wofür?" fragte ich sehr erstaunt.

„Für die Halskette und das Armband", sagte sie und hielt die wunderschöne Perlenhalskette und das Armband hoch, damit ich es genau sehen konnte. Sie waren atemberaubend schön!

„Das war nicht ich", sagte ich. „Ich habe sie nicht gekauft."

Laya starrte mich entgeistert an, dann begann sie wieder zu lächeln. „Wendy muß sie für mich gekauft haben", sagte sie und rannte durchs Haus, um Wendy zu finden. Sie wollte Wendy, unserem Gast aus L.A., für das Geschenk danken.

„Das war ich nicht", sagte Wendy. „Ich habe sie nicht für dich gekauft. Vielleicht sind sie ein Geschenk von RAM."

Da brach Laya in Tränen aus. Sie drückte den Perlenschmuck an ihre Brust. „Oh, danke, danke, RAM!" rief sie hinaus in die Weite des Himmels. „Ich liebe dich so sehr!"

Später erklärte sie, daß alle anderen während des letzten Treffens mit RAM von ihm eine Perle erhalten hatten. Sie konnte jedoch aufgrund ihres Abfluges nicht solange bleiben, um ihre Perle zu erhalten. Das war für sie ein großes Opfer, doch sie mußte ohne ihre Perle abreisen. Aber jetzt hatte sie die ganze Handvoll Perlen, die sie schon seit Wochen ersehnt hatte, und das war mehr als nur eine Entschädigung dafür!

Ich stimmte ihr zu. Denn ich war ebenfalls sehr dankbar für die wohlschmeckende Schokolade, die für mich materialisiert worden war. Ich wußte, daß wir beide die große Gnade erfahren hatten, Seite an Seite zwei wundersame Manifestationen zu erleben.

Die Schmetterlingsgeschichte

Debbie aus New York erzählt diese Geschichte mit ihren eigenen Worten.

„Zum ersten Mal sah ich Ramtha in Tampa. Von Anfang an war alles, was ich ersehnte, eine Umarmung. Ich wollte Ramtha einfach nur umarmen! Nun, als ich ihn zum ersten Mal sah, bekam ich meine Umarmung nicht, sondern ich bekam stattdessen ein kleines Wunder.

Am Tag nach dem Intensivtreffen fuhr ich nach Miami, um meine Familie zu besuchen. Eines Nachmittags, als ich den Hawaii-Film zum x-ten Male ansah, kam Norman, der Freund meiner Mutter, herein und sagte mir, daß er einen kleinen Schmetterling von kupferner und schwarzer Farbe im Pool gefunden hatte, als er ihn reinigte. Kupfer und schwarz! Das sind die Farben von Ramthas Augen! Ich sprang auf, um mir den Schmetterling anzusehen.

Norman hatte diesen 'toten' Schmetterling in Folie gewickelt und flach ausgebreitet zum Trocknen in die Sonne gelegt. 'Nein!' schrie ich. 'Nein!' Schnell wickelte ich ihn aus. Norman hielt mich für verrückt, aber ich bürstete den Schmetterling ganz vorsichtig mit den Fingerspitzen auf meiner Handfläche, um das Wasser von seinen zarten Flügeln zu entfernen.

Bald schon begann er zu flattern! Dann kletterte er wie betrunken auf meinem Handrücken entlang, bis er schließlich dreimal ganz langsam mit den Flügeln schlug, als ob er 'Danke' sagen wollte. Dann flog er weg! Ich fing an zu weinen. Sogar Norman war einigermaßen beeindruckt.

Ein paar Monate später fuhr ich zu einem Treffen nach Yucca Valley. Alles, was ich ersehnte, war eine Umarmung. Ich mußte meine Umarmung von Ramtha bekommen! Eines Tages ganz früh am Morgen dämmerte mir, daß ich es immer übel genommen hatte, daß ich den ersehnten Beweis der Zuneigung nicht erhalten hatte, ich brachte es jedoch nie fertig, darum zu bitten! Deshalb bat ich an diesem Nachmittag um meine Umarmung, und ich bekam sie.

Ramtha hob mich hoch in die Luft mit einer derartigen Leichtigkeit, daß es sich anfühlte, als ob der Boden unter mir wegsinken würde. Er küßte meine Hände, sagte mir, daß er mich liebte. Dann sagte er mit einem geheimnisvollen Glitzern in den Augen: 'Jetzt geh und sei glücklich (Pause), Schmetterling (Lächeln)!' Die anderen erzählten, ich flatterte förmlich auf meinen Platz zurück! Erst ein paar Minuten später erkannte ich wirklich, was passiert war.

Jetzt komme ich zum letzten Teil meiner Schmetterlingsgeschichte. Als ich zurück nach New York und nach Hause kam, schrieb ich meiner Freundin Alba und erzählte ihr vom Schmetterling und was Ramtha zu mir gesagt hatte. Als sie ein paar Tage später in ihre Einfahrt fuhr, da ahnte sie schon, daß ein Brief von mir da sein würde. Und natürlich war es auch so.

Als sie ins Haus lief, bemerkte sie einen kleinen, kupferfarbenen Schmetterling auf dem Teppich im Wohnzimmer. Sie war aber so gespannt darauf, meinen Bericht über das Treffen zu hören, daß sie einfach in das Gemeinschaftszimmer weiterging. Während sie meinen Brief las, liefen ihr Schauer über den Rücken und sie fing an zu weinen. Ganz leise ging sie auf Zehenspitzen zurück ins Wohnzimmer, um zu sehen, ob der kleine Schmetteling immer noch da war. Ja, er war da! Als sie näher kam, sah sie, daß es ein kleines Blatt war, das genau die Form eines Schmetterlings hatte! Die Ähnlichkeit war so groß, daß ich, als ich die Schachtel öffnete, die Alba mir geschickt hatte, und obwohl ich wußte, daß darin ein Blatt lag, den Deckel schnell wieder zumachte, denn ich fürchtete, er würde davonfliegen!"

Das Überleben der Kunst

Diese Geschichte erzählte mir William, ein Künstler, der für mich zu den zehn besten Künstlern des ganzen Landes gehört. Seine Bilder sind immer gefragt. Zu diesem speziellen Zeitpunkt erholte er sich gerade von den wirtschaftlichen Folgen einer Scheidung und erwartete dringend den Verkauf seines Hauses, so daß die anstehenden Rechnungen pünktlich bezahlt werden könnten.

William stand vor einer schwierigen Entscheidung. Er liebte RAM sehr und wollte das letzte Bargeld, das ihm noch blieb, in ein Intensivwochenende investieren. Eine lautlose Stimme in seinem Inneren sagte ihm, er solle es tun, deshalb schickte er einen Scheck ab. Er rechnete damit, daß der Verkauf seines Hauses am folgenden Tag wie vorgesehen rechtskräftig werden würde. Am nächsten Tag mußte er jedoch alles noch einmal überdenken. Denn der Verkauf war auf unbestimmte Zeit verzögert worden.

William blickte auf die neue Entwicklung und fragte sich, ob er seine Anmeldung für das Intensiv-Treffen mit RAM rückgängig machen sollte. Eine leise, aber deutliche Stimme in seinem Inneren sagte: „Nein! Mach weiter wie geplant!" Er überlegte, daß er einige seiner neuen Poster mitnehmen und wahrscheinlich verkaufen könnte, um die Kosten für Essen und Übernachtung zu begleichen.

Alles lief so wie geplant. Er verkaufte genug seiner wunderschönen Poster, um alle seine Unkosten decken zu können. Es blieb sogar noch etwas Geld übrig. Er wußte, daß der Erlös des Bildes, das er für eine neue Kundin machen sollte, wenn er nach Hause zurückkam, seine anstehenden Rechnungen mit Leichtigkeit begleichen würde.

Als William an diesem Abend nach Hause kam, rief er die Frau an, um für den nächsten Tag eine Verabredung zu treffen. Zu seiner großen Enttäuschung sagte sie, daß sie nicht in der Lage sei, im Augenblick $ 900 für sein Kunstwerk auszugeben. Da er eine untadelige Person war und seine Rechnungen immer rechtzeitig zahlen wollte, fühlte William plötzlich Angst und Verzweiflung in sich aufsteigen. Wie sollte er das Geld auftreiben, um seine Rechnungen pünktlich zu bezahlen?

Zunächst kamen ihm Zweifel, ob er das vorhandene Geld wirklich für das Intensiv-Treffen mit RAM hatte ausgeben sollen. Diese Gedanken wurden jedoch von der Überzeugung vertrieben, daß er das Richtige getan hatte. Er empfand kein Bedauern für irgendetwas in seiner Vergangenheit. Alles, was er erlebt hatte, wurde jetzt für ihn zu seiner eigenen, einzigartigen „Perle der Weisheit", die er anerkennen und schätzen lernte!

„Okay, RAM", rief er laut. „Hilf mir. Ich strenge mich an, aber es sieht so aus, als bräuchte ich hier wirklich etwas Hilfe!" Die sanfte Brise, die von nirgendwo kam und ihm weich um das Gesicht strich, gab William die Überzeugung, daß RAM ihn gehört hatte.

Ein paar Stunden später läutete das Telefon. Es war ein Geschäftsmann, der wissen wollte, wieviele Bilder William zum Verkauf anbieten könne. „Nicht viele", antwortete William. „Sagen Sie mir einfach, was Sie wollen, und ich bin sicher, daß wir zu einer Einigung kommen können."

Innerhalb der nächsten Stunde verließ William das Haus, um sich mit dem Anrufer zu treffen, der etwa eine Stunde Autofahrt entfernt wohnte. Er verbrachte diesen Tag und die folgende Nacht damit, die vom Geschäftsmann bestellten Bilder anzufertigen. Der neue Kunde bezahlte William $2500 bar auf die Hand. Weitere $2500 sollten in ein paar Tagen ausbezahlt werden, wenn das Auftragspaket vollendet war.

Es ist unnötig zu sagen, daß die Rechnungen pünktlich bezahlt wurden. William sagte im Stillen Dank dafür, daß er gelernt hatte, im Augenblick zu leben. Er hatte eindeutig die Kunst des Überlebens kennengelernt. Oder war es das Überleben der Kunst?

RAM ist ein Bettler

Diese Bettlergeschichte ist eine von den vielen wunderschönen Geschichten, die Richard, der Autor des weiter hinten abgedruckten „Ich-Bin"-Gedichtes, erzählt hat. Lassen wir Richard selbst zu Wort kommen:

„Es gab da eine Zeit, das war vor ein paar Jahren, da liebte es RAM, den Leuten zu sagen, daß er sie in der Verkleidung eines Bettlers besuchen würde. Wahrscheinlich wollte er damit ihre Fähigkeit auf die Probe stellen, alle Menschen wie Götter zu behandeln, egal welcher Gesellschaftsschicht sie angehörten oder wie sie aussahen.

Damals war es in der Stadt, in der ich lebte, üblich, daß sich eine Gruppe von uns Meistern jede Woche in einem Restaurant am Ort zum Essen traf. Bei einer solchen wöchentlichen Versammlung tauchten die Erscheinungen RAMs als Bettler als Gesprächsthema auf. Jeder begann zu erzählen, wie er seltsame und ungewöhnliche Vagabunden getroffen hatte, während ich ganz im Gegensatz zu meinem sonstigen Verhalten still dasaß und einfach nur zuhörte.

Als die Erzählungen über den Tisch nur so hin- und herflogen, durchforschte ich eifrig mein Gehirn. Ich hatte keine passende Geschichte! Ich hatte niemals irgendwelche ungewöhnlichen Gestalten getroffen! Und ich, der ich es liebte bei allem mitzureden, ich hatte absolut keine Geschichte, die ich beisteuern konnte. Ich fühlte mich schrecklich ausgeschlossen!

Nun, so sehr ich mich auch bemühte, ich konnte mich an keine Bettlergeschichte erinnern. Ich verließ das Restaurant und dachte noch immer darüber nach. Ich fühlte mich wirklich richtig dumm. Hier war ich und tat mir selber leid wegen einer solchen Nebensache. Aber es ging mir nicht aus dem Kopf, nicht einmal dann, als ich ins Bett kroch und in Schlaf sank.

Am Morgen wachte ich auf und dachte an alles, nur nicht an Bettler. Ich fing an, meinen Arbeitstag in Angriff zu nehmen. Damals hatte ich einen Lieferservice für einige örtliche Apotheken, und ich war an der Reihe, die tägliche Route zu fahren.

Ich holte meine erste Ladung Pakete ab, lieferte einige davon aus und beschloß dann, am Naturkostladen haltzumachen und mir eine Zwischenmahlzeit zu gönnen. Dieser besondere Laden ist an der Ecke einer viel befahrenen Kreuzung. Deshalb parkte ich meinen Wagen bei der Eingangstür um die Ecke. Ich ging hinein, kaufte gekühlten Joghurt und kam zur Vordertür wieder heraus. Was ich beim Verlassen des Ladens sah, ließ ein leichtes elektrisches Kribbeln meinen Rücken hinabstreichen.

Ich sah eine Menge von sechs oder acht Leuten, die dabei waren, nach dem Grünsignal der Ampel die Straße zu überqueren. Ich konnte sie alle nur von hinten sehen. Meine Augen hefteten sich sofort auf diesen einen: schäbig gekleidet, höchstens etwas über fünf Fuß groß und mit einem leuchtend roten Maschinisten-Hut mit großen weißen Bommeln auf dem Kopf.

Jetzt stellen Sie sich vor: Ich sah diesen Kerl nur von hinten, und er war schon halb über den Übergang gegangen, aber diese Stimme - die Stimme in meinem Kopf - sagte: 'Das ist er!' Keine Frage. Wenn diese STIMME spricht, dann kann es keine Frage geben, dann ist es einfach so. DAS IST ER!

Ich war nicht bereit, mich auffällig zu benehmen, auf die Straße hinauszurennen und 'Hey, RAM!' zu kreischen. Also tat ich, was eine 'vernünftige' Person tun würde. Ich lief um die Ecke und zu meinem Auto. Es war etwa drei oder vier Fahrzeuglängen von der Ecke entfernt geparkt. Als ich am Auto war, sah ich mich um und ... Oh, mein Gott, da kam dieser Kerl! ... Er hatte plötzlich auf der Straße eine Kehrtwendung gemacht und kam genau auf mich zu. Erstarrt? Verblüfft? Untertreibungen! Ich stand einfach da und dachte: 'Oh, mein Gott, da kommt er!!!'

Oh, Christus, ich kannte diese Augen, strahlend vor Lachen und vor liebevollem Schalk. Wie zwei Laser stachen sie in meine Augen. Ich kannte diesen Gang, langsam, zielgerichtet und mit nur einer leichten Andeutung von Steifheit. Oh, mein Gott!!!

'Entschuldigen Sie', sagte er. Einfach so, es war nicht zu fassen!!! Er sprach sehr langsam und sorgfältig und sagte: 'Könnten Sie mir fünf Cent oder einen Dollar geben, damit ich mir etwas zu essen kaufen kann?' Augen, die immer noch Laser waren, blieben auf mich gerichtet. Ich griff suchend in meine Tasche und holte ein paar Scheine heraus. Ich nahm einen Dollar und gab ihm den. Er sah so ungewöhnlich aus!

'Danke', sagte er. 'Könnten Sie mir noch einen geben?' Ich hatte etwa acht Dollar bei mir, und ich hätte ihm jeden Penny gegeben. Nun, vor zwei Wochen hatte ich viel mehr ausgegeben, um mit diesem Kerl in einem Saal voller Leute zusammenzusein. Ich gab ihm noch einen Dollar. 'Danke', sagte er wieder. 'Einen schönen Tag wünsche ich.'

'Ihnen auch einen schönen Tag!' antwortete ich, weil mir nichts anderes einfiel. Ich stieg in mein Auto und wollte losfahren. Ich fühlte mich zutiefst aufgewühlt. Ich fuhr vom Bordstein weg und vor zur Kreuzung, wo ich anhielt und auf das grüne Signal wartete. Ich konnte fühlen, wie diese Laser-Augen sich in meinen Hinterkopf bohrten. Nervös saß ich da, bis die Ampel umschaltete, und als ich auf die Kupplung trat, drehte ich mich um und schaute über die Schulter zurück. (Jetzt schalten wir auf Zeitlupe um.) Er stand noch immer an der gleichen Stelle, blickte in meine Richtung, direkt zu mir. Dieser lustige kleine Kerl knickte leicht an der Hüfte ein, legte seinen Kopf auf die rechte Seite und zeigte mir ein lachhaft übertriebenes Blinzeln, mit dem linken Auge, wie ein Blitz, der mich immer noch erschaudern läßt.

Ich fuhr etwa einen halben Häuserblock weiter, ehe ich anhalten mußte. Ich hüpfte auf meinem Autositz auf und ab, kreischte vor Lachen und trommelte auf das Steuerrad. Ich konnte es kaum glauben. Das passierte schon am nächsten Morgen! Und alles nur, weil ich mich ausgeschlossen gefühlt hatte!!!

Ich weiß, was Sie jetzt denken. Sie denken an das 'Hätte-ich-doch', mit dem ich mich selbst schon gequält habe! Ich hätte ihn zum Lunch einladen sollen, und dann hätte ich ihn bitten müssen, für den Rest des Tages mit mir mitzufahren. Aber dann kam ich schließlich über all dieses 'Hätte-ich-doch' hinweg, um das Erlebnis als das zu akzeptieren, was es wirklich war. Denn es war eine höchst erfreuliche Art und Weise, gezeigt zu bekommen, daß Gedanken nicht ungehört verfliegen und daß niemand im Abseits stehengelassen wird!"

Kein widriger Wind

Jeder, der mit der Lebensgeschichte von RAM vertraut ist, weiß, daß RAM sich während seines Lebens vor 35000 Jahren sehr stark mit dem Wind identifizierte. Später wurde er der bewußte Herr des Windes. Wie RAM erklärt, ist er selbst nicht der Wind, sondern sein Beweger.

Die folgende Geschichte wurde von John, einem 15jährigen Meister erzählt, der die Lehre des RAM liebt und lebt. John sagte, daß einige seiner besten Freunde beschlossen hatten, Hasch zu kaufen und aufs Land zu fahren, um es zu rauchen.

John befand sich jetzt unter heftigem Gruppenzwang, es seinen Freunden gleichzutun, aber er kannte die Gefahren des Haschrauchens und wollte mit diesem Vorhaben nichts zu tun haben. In seiner Verzweiflung wandte er sein Bewußtsein an RAM und bat ihn um Hilfe. Er wollte nicht gezwungen sein, mit seinen Freunden Hasch zu rauchen. Er fühlte sich in einer Falle gefangen und erkannte, daß RAM seine einzige Hoffnung war, um vor seinen Freunden das Gesicht wahren zu können und doch kein Hasch rauchen zu müssen.

Schließlich wurde das Hasch aufgetrieben und gekauft und in einen kleinen braunen Beutel getan. Die Gruppe Jugendlicher machte sich auf den Weg hinaus aus den New Yorker Vorstädten und dann endlich hinaus aufs Land. Schließlich war der passende abgelegene Platz gefunden, und die fünf kletterten aus dem Auto, um sich mit ihrem Kraut einen Joint zu drehen und ihn anzuzünden.

Als der von der Gruppe, der den braunen Beutel hielt, in die Mitte trat, um die Beute zu verteilen, kam plötzlich aus dem Nichts ein starker Windstoß und blies den gesamten Beutelinhalt davon. Das Haschisch war vom Wind weggeweht und über die Felder verstreut.

Während alle anderen fluchten und ihre Fäuste gegen den Wind erhoben, jubelte John im Stillen vor Freude. Er fühlte sich voll unsäglicher Dankbarkeit für RAM, den Herrn des Windes, der seinen flehentlichen Hilferuf erhört hatte.

Ein Vogel in der Hand

Das alte Sprichwort, daß der Spatz in der Hand mehr wert ist als eine Taube auf dem Dach, wurde für einen Meister namens Ron 1988 beim Snow-Mountain-Treffen in Colorado ganz besonders bedeutungsvoll.

Bei früheren Zusammenkünften hatte RAM erzählt, wie der Heilige Franz von Assisi einen derart vollkommenen Zustand des Friedens in seinem Inneren erreicht hatte, daß wilde Tiere kamen und an seiner Seite saßen und daß Vögel auf seinen Ruf hin auf seine Hand geflogen kamen.

Ron, ein großer Tierliebhaber, entschloß sich zu einem Ausflug auf einen der zahlreichen Bergwege rund um Snow Mountain, um festzustellen, ob er einen Vogel finden und ihn zu sich rufen könnte. Bei Ron zu Hause lagen alle Hunde der Nachbarschaft buchstäblich auf seiner Türschwelle und folgten ihm in einem Rudel überall hin wie einem Rattenfänger, dem alle Tiere nachlaufen. Ron hatte aber noch niemals einen Vogel auf der Hand gehabt.

Ron nahm den Pfad, der zu einem Wasserfall hinaufführte. Bald nachdem er den Gipfel jenseits des Wasserfalls erreicht hatte, entdeckte er einen Schwarm Vögel in etwa 15 Yards Entfernung. Ron wurde sehr aufgeregt und wandte schnell die Manifestationstechnik an, die er von RAM gelernt hatte. Er sprach den geistigen Wunsch aus, daß ein Vogel zu ihm geflogen käme, und erhob seine Hand mit einem ausgestreckten Finger. Zu seiner höchsten Freude löste sich ein Vogel aus dem Schwarm und flog geradewegs über die grüne Wiese, flog direkt auf seine ausgestreckte Hand und landete auf seinem Finger. Der Vogel spazierte langsam auf seiner Hand auf und ab. Ron betrachtete den Vogel, und der Vogel betrachtete Ron. Nach einer Weile breitete der Vogel in aller Ruhe seine Flügel aus, hüpfte in die Luft und flog davon, um sich in einen nahegelegenen Baum zu setzen.

Ron erzählte, daß er noch Minuten danach vor Aufregung zitterte. In der Tat war die süße Erregung dieses Augenblicks noch auf seinem Gesicht und in seinen Augen zu sehen, als er mir die Geschichte erzählte.

Der Bettler und der Ehering

Diese wunderbare Bettlergeschichte stammt von einer Meisterin namens Linda. Linda und ihre Freundin waren auf einem Einkaufsbummel, der Lieblingsbeschäftigung vieler Damen. Sie bemerkten beide einen Bettler, der am Eingang eines Geschäftes saß, als sie hineingingen. Linda nahm sich in Gedanken vor, dem Bettler beim Hinausgehen etwas Geld zu geben.

Bald waren sie mit dem Einkaufen fertig, und Linda hatte den Bettler bereits völlig vergessen. Als sie jedoch das Geschäft verließen, blieb ihre Freundin stehen, griff in ihre Handtasche und gab dem Bettler einen Dollar.

Plötzlich erinnerte sich Linda an ihr eigenes Vorhaben, öffnete ihre Handtasche und holte ihren Geldbeutel heraus. Sie leerte den Inhalt aus, eine Handvoll Münzen, und sah noch einmal nach, ob sie die Geldbörse auch vollständig ausgeleert hatte. Das gab sie alles dem Bettler.

Der Bettler nahm mit glänzenden Augen die reiche Gabe der beiden Damen und antwortete mit der von Herzen kommenden Bemerkung: „Ich liebe die Menschheit so sehr!"

Linda und ihre Freundin gingen weiter und dachten beide über die seltsame Bemerkung des Bettlers nach. Beide fühlten, daß dies kein gewöhnlicher Bettler gewesen war.

Als sie eine Stunde später heimfuhren, kam Linda plötzlich ein schrecklicher Gedanke. „Oh, mein Gott!" rief sie aus. „Als wir heute morgen aus dem Haus gingen, legte ich meinen goldenen Ehering in meine Geldbörse, damit ich ihn nicht verliere!"

Sie griff in ihre Handtasche und holte ihre Geldbörse heraus, öffnete sie und tastete in der jetzt leeren Börse. Plötzliche Freude stieg in ihr auf, als sie die vertraute Form ihres kostbaren Eheringes fühlte.

Höchst aufgeregt steckte sie den goldenen Reif auf ihren Ringfinger und sagte zu ihrer Freundin: „Ich weiß, daß ich meine Geldbörse völlig ausgeleert hatte. Es ist ein Wunder. Dieser 'Bettler' wußte, daß mein goldener Ehering nicht als Gabe gedacht war. Gott sei Dank!"

In der Tat sei Gott gedankt, der oft auf geheimnisvolle Weise tätig wird.

Der kleine grüne Frosch

Jane selbst erzählte mir diese nette Geschichte mit folgenden Worten: „Irgendwann einmal vor nicht allzu langer Zeit ging ich unter die Dusche. Da bemerkte ich aus dem Augenwinkel etwas Ungewöhnliches und drehte mich um. Ein kleiner grüner Frosch mit Saugnäpfen an den Füßen saß in meiner Dusche!

Er hockte auf dem Wasserhahn und starrte mich richtig komisch an. Er war so niedlich! Ich bückte mich, um ihn genau anzusehen. Die Zeichnung auf seiner Haut war kupferfarben umrahmt. Wunderschön.

Nun, mit diesem Frosch war das so eine Sache. Als ich mir die Haare wusch, da hüpfte er zu einem Platz etwa in meiner Augenhöhe. Er schaute ganz einfach über seine Schulter und beobachtete mich. (Schulter? Haben Frösche Schultern?) Dann sprang er hinauf auf das Fensterbrett und machte es sich neben dem Shampoo bequem, um über das nachzudenken, was Frösche so zum Nachdenken haben.

Nun, ich konnte mir einfach nicht vorstellen, wie dieser kleine Kerl seinen Weg in die Dusche gefunden hatte, aber ich dachte mir, daß er wohl irgendwo zu seinen Artgenossen gehörte. Deshalb ließ ich ihn, als ich mit dem Duschen fertig war, zur Vordertür hinaus. Ich beobachtete, wie er zögernd nach rechts davonhüpfte. Konnte es sein, daß dieser Frosch in meiner Dusche hatte bleiben wollen? Wie um alles in der Welt war er da überhaupt hineingekommen?

Er schien eine wahrhafte Persönlichkeit zu besitzen. Konnte er mich wirklich verstehen? Dieser Frosch war sehr ungewöhnlich. Ich bin kein Experte auf dem Gebiet der Frösche, aber dieses Kerl-chen war eindeutig anders als alle anderen. Wie kam ich überhaupt darauf, von ihm als 'er' zu sprechen?

Eine für mich schwierige und anstrengende Woche verging. Als ich endlich in meine Dusche ging - was seh ich da? Er war wieder da! Konnte das der gleiche Frosch sein?! Die Zeichnung auf der Haut schien die gleiche zu sein. Ich war schockiert! Wie kam er hier herein?

Wir machten die gleiche Geschichte wieder durch. Als ich meine Haltung veränderte, tat er das auch. Das war unglaublich! Ich fragte mich, ob das Tier von Ramtha käme oder vielleicht sogar Ramtha selbst war. Dann schob ich diesen Gedanken weg, denn ich glaubte, daß es nur mein Wunschdenken war. Ich war nicht enttäuscht, denn ich fühlte, daß dies trotz allem eine reichlich ungewöhnliche Beziehung war. Ich sage Beziehung, denn das war es ganz bestimmt. Wir schienen uns zu verstehen.

Trotzdem erinnerte ich meinen neuen, kleinen, grünen Freund an seine Artgenossen. Gleich nachdem ich mit dem Duschen fertig war, schob ich ihn zur Tür hinaus. Aber diesmal wandte er sich nach links. Ich versuchte ihn dazu zu bringen, nach rechts zu hüpfen, nur für den Fall daß es ein anderer Frosch war. Ich wollte, daß er seinen Freund treffen konnte, der eine Woche vorher nach rechts weggehüpft war. Aber er wußte, wohin er gehen wollte.

Nun, es vergingen ein paar Tage, und schon war er wieder in meiner Dusche! Ich hatte so einen Riesenspaß mit ihm! Er war niedlich. Ich sprach mit ihm, und er drehte den Kopf zu mir, als wollte er sagen: 'Wirklich?' Er war ein sehr ausdrucksstarker, kleiner grüner Baumfrosch. Ich ließ ihn bleiben. Jeden Morgen sprang ich aus dem Bett, um nachzusehen, ob er noch da war. Natürlich war er noch da. Jeden Tag, und das etwa zwei Wochen lang! Es machte solchen Spaß, mit meinem kleinen grünen Freund zusammen zu duschen.

Dann an einem Wochenende war er plötzlich fort. Ja, ich war traurig. Aber nicht lange, denn schon am Montagmorgen war er wieder da. Wie machte er das? Ach, übrigens: Ramtha hielt an dem Wochenende, an dem der Frosch weg war, ein Intensivtreffen ab, aber dieser Gedanke schien mir doch zu abwegig zu sein! Ich wagte nicht einmal den Gedanken weiterzudenken, daß dieser kleine grüne Frosch möglicherweise irgendeine Verbindung mit RAM haben könnte!

Am Ende dieser Woche kam eine Freundin von mir vorbei. Sie hatte sich bereits seit mehreren Jahren mit den Weisungen von Ramtha beschäftigt. Als ich ihr von diesem Frosch erzählte, geriet sie außer sich! Sie rannte los, um ihn sich sofort anzuschauen! Sie erzählte mir, daß sie vor langer Zeit Ramtha hatte sagen hören: 'Wenn du jemals einen kleinen grünen Frosch siehst, dann sollst du wissen, daß ich es bin.'

Davor war er, immer wenn ich jemandem von dem Frosch erzählt hatte und man ihn sehen wollte, bereits verschwunden, bis die Leute mein Bad erreicht hatten. Dieses Mal nicht. Und es war in diesem Jahr erst das zweite Mal, daß ich diese Freundin getroffen hatte. Es schien, als wäre sie den ganzen Weg von Orcas Island gekommen, nur um mir von einem Frosch zu erzählen.

Deshalb begann ich, an kleine Wunder zu glauben. Besonders an kleine grüne Wunder! Er blieb noch einige Wochen länger (aber er war niemals da, wenn ein Intensivtreffen stattfand). Es war gerade eine Zeit in meinem Leben, in der ich einen Freund brauchte, und ich war mir sehr wohl bewußt, daß jemand, den ich sehr liebe, damals an mich dachte.

Stell dich deinen Ängsten!

Carolyn erzählte mir voll Glück, daß sie an einem Treffen mit RAM teilgenommen und sehr deutlich die Botschaft erhalten hatte, daß sie ihr Leben in die Hand nehmen und sich einfach ihren Ängsten stellen müsse.

Kurz nach dem Treffen setzte sie sich hin und wollte die Verursacher ihrer Ängste heraufbeschwören, damit sie sich ihnen stellen könne. Bald tauchte die Idee in ihrem Kopf auf, daß sie in der Lage wäre, mehreren Ängsten zu begegnen und sich ihnen zu stellen, wenn sie eine Rucksack-Tour hinaus in die Wildnis machen würde, und zwar allein!

Sie setzte diese Idee in die Tat um, kaufte ein paar Tage später die nötigen Vorräte und die Ausrüstung und machte sich auf den Weg in die Wildnis. Als sie in die Nähe des vorgesehenen Lagerplatzes kam, hielt sie an und bat die Parkwächterin, ihr den Weg zum entlegensten Lagerplatz zu zeigen, der für einen Amateur-Camper wie sie noch zugänglich war.

Carolyn folgte den Anweisungen und marschierte entlang der Pfade bis zum genannten entlegenen Lagerplatz. Sie schlug ihr Zelt auf und bereitete sich auf die Nacht vor. Es war bitterkalt, dunkel und furchterregend. Sie schloß ihre Augen, um das Empfinden der Dunkelheit zu verscheuchen, und versuchte einzuschlafen.

Gerade als sie am Eindösen war, durchschnitt das Geheul eines weit entfernten Wolfes die Luft. Sie setzte sich voll Schreck auf. Sie hatte große Angst vor wilden Tieren. Sie versuchte, ihre Furcht zu besiegen. Das Geheul des Wolfes kam näher und näher. In weniger als fünfzehn Minuten klang es so, als wäre der Wolf direkt vor ihrem Zelt. Sie konnte seine Bewegungen hören und fühlte, wie die Furcht von ihrem Körper Besitz ergriff und ihr die Haare zu Berge standen.

Dann atmete sie tief durch und erkannte, daß sie diese Erfahrung herausgefordert hatte, um sich ihren Ängsten zu stellen. Dies war jetzt ein hervorragender Test. Konnte sie es schaffen? Da ging ihr der Gedanke durch den Kopf, daß ihr nichts geschehen könne, solange sie es nicht zuließe. Sie begann, die Macht ihrer eigenen Göttlichkeit zu fühlen, und nach und nach verschwand ihre Furcht. Noch mehrmals war ein Aufheulen zu hören, dann verschwanden die Geräusche des Wolfes in der Ferne. Carolyn schlief tief und fest ein, erfüllt von Frieden.

Am Morgen wachte Carolyn auf und rang nach Atem. Sie fühlte eine Unmenge von nassen, schleimigen Dingen auf ihrem Gesicht und ihrem Hals. Sie schrie vor Entsetzen auf, als sie merkte, daß ihr Körper von Schnecken bedeckt war - von großen, fetten, schleimigen Schnecken!

Schreckliche Angst ergriff sie, und sie mußte sich fast übergeben, als sie die ekelhaften nassen Eindringlinge von ihrem Gesicht, ihren Augen, Ohren, Händen, von allen nicht bekleideten Körperstellen und von ihrer Kleidung entfernte. Der morsche Baumstamm, den Carolyn als Kissen benutzt hatte, war voll von Hunderten von Schnecken gewesen. Sie hatte es immer gehaßt, Schnecken anzusehen, geschweige denn sie zu berühren.

Gerade als sie die letzten von ihrer Kleidung entfernte, brach sie plötzlich in fast hysterisches Gelächter aus. Für jemanden, der seine Ängste herausfordern wollte, war sie an einem einzigen Tag mit einem hübschen Maß bedacht worden. Der Gedanke belustigte sie.

Bald wurde das Trauma dieses Erlebnisses von einer stillen Dankbarkeit abgelöst. Da sprach Carolyn sehr laut ihren Dank an RAM und den Gott des Lebens aus, daß sie fähig gewesen war, ihre Ängste herauszufordern und zu meistern. Sie hatte jetzt keine Angst mehr vor der Dunkelheit, vor wilden Tieren oder schleimigen Schnecken.

Das goldene Lamm Gottes

Nach langer Überlegung habe ich mich entschlossen, meine Erfahrung mit dem „Goldenen Lamm Gottes" auch anderen Meistern mitzuteilen. Meine Erzählung geht zurück in die Zeit, als ich 17 war und als Seemann in der US-Navy-Reserve diente. Ich war an Bord eines Öltankers im Chinesischen Meer.

Der verantwortliche Maat hatte mich zur schlimmsten nur vorstellbaren Pflicht an Bord des Schiffes eingeteilt. Zusammen mit zwei anderen Schiffskameraden war mir befohlen, in die Wasser-Ballast-Tanks des Öltankers zu klettern und die Innenseite der Tanks mit Farbe aus riesigen 5-Gallonen-Kübeln zu streichen.

Während meine beiden Schiffskameraden die Tanks verließen und zum Maschinenraum zurückgingen, um etwas frische Luft zu schnappen, wurde ich „ohnmächtig" - ich starb praktisch. Ich erfuhr einen lebhaften Rückblick über jeden einzelnen Tag meiner kurzen 17 Jahre und dann einen langen Einblick in zwei weitere bedeutungsvolle Lebenszeiten. Ein vergangenes Leben fand im sehr alten Indien statt, das andere war in Ägypten, etwa um 1600 vor Christus.

Ich war mir vollkommen bewußt, daß ich aus dem dreidimensionalen Leben „weggestorben" war und daß das Leben nur ein Traum zu sein schien. Ich sehnte mich jedoch mit jeder Faser meines Leibes danach, wieder in diesen Traum zurückzukehren, zurück in den 17 Jahre alten Körper, obwohl es dumm zu sein schien, diese reine Realität verlassen zu wollen, die ich jetzt auf der inneren Bewußtseinsebene innehatte.

Mein Verlangen eröffnete mir sofort einen Pfad in der Leere vor mir, und ich fühlte, wie ich anfing, mich darauf fortzubewegen. Ich wußte, daß mein Verlangen mich in das dreidimensionale Leben zurückbrachte. Plötzlich empfand ich eine große Furcht, und diese Furcht wurzelte mich auf diesem Pfad fest. Ich konnte mich scheinbar nicht mehr weiterbewegen. Aus den Tiefen meiner Seele rief ich nach Hilfe. Sofort tauchte in der weiten Ferne ein kleiner Lichtpunkt auf. Das Licht bewegte sich auf mich zu, wurde weißer und weißer, heller und heller, größer und größer.

Ganz plötzlich wurde meine ganze Gestalt in ein lebendiges goldenes Lamm verwandelt. In der Gestalt dieses glänzenden goldenen Lammes beugte ich mich und kniete vor dem Allmächtigen Gott nieder. Ich liebte Gott von ganzem Herzen und empfand Entzücken, Freude und Glückseligkeit ohne Grenzen ...

Auf einmal spürte ich das Blasen des Windes und hatte die deutliche, auf mir lastende Empfindung, mich wieder in meinem Körper zu befinden. Gleichzeitig öffnete ich meine Augen und hörte eine Schar von aufgeregten Seeleuten um mich herum rufen: „Macht Platz, geht zurück!" und „Er kommt wieder zu sich!"

Bei diesen Worten erlangte ich wieder das volle Bewußtsein, zog mich auf die Knie hoch und stand dann schwankend auf. Als die anderen meinen aufrecht stehenden Körper stützten, ignorierte ich ihre aufgeregten Fragen. Ich fragte nur: „Was ist passiert?"

„Du warst über fünf Minuten lang tot", antwortete eine Stimme. „Du hast nicht mehr geatmet, dein Herz schlug nicht mehr", sagte eine andere.

Schweigend machte ich mich von ihnen allen los und begab mich schwach, aber entschlossen über die Leiter hinauf aufs Oberdeck. Dort auf dem heißen, grauen Deck in der hellen Nachmittagssonne warf ich mich nieder und schluchzte und stieß innige Freudenschreie aus. Ich war so dankbar, wieder in dieser wunderschönen Welt zu sein. Ich weinte lange Zeit und dankte Gott überschwenglich für die Gnade, mein Leben in meinem physischen Körper weiterführen zu können.

Mindestens einen Monat lang nach dieser Todeserfahrung war ich in derartiger Hochstimmung, daß ich keinen „verfälschten" Gedanken denken oder fühlen konnte, wie RAM sagen würde. Allmählich kamen jedoch die alten Gewohnheiten zurück, und ich ging wieder in den Tiefen des gesellschaftlichen Lebensstils verloren. Obwohl ich die Rolle des großartigen New-Age-Lehrers spielte, geschah es erst nach der Betrachtung des Hawaii-Videos und nach dem Treffen mit dem geliebten RAM, daß ich auf schnellstem Wege die Welt des Intellekts verließ und diese köstliche Welt der Gefühle wiederfand.

Das Treffen in Yucca Valley im September '87 veränderte mein Leben für alle Zeiten. RAM verlor keine Zeit, sondern kam gleich zum

Wesentlichen. Gleich bei der Eröffnung am Sonntagabend wies er uns an, uns auf den Boden zu legen, mit dem Kopf nach Norden und den Füßen nach Süden gerichtet. Außerdem sollten wir unsere Schuhe und Strümpfe ausziehen. Er sagte, daß die Salbung mit Öl für unsere Zukunft sehr wichtig sei. Jeder von uns sollte gesalbt werden, vorausgesetzt wir wären fähig, jenen Punkt in unserem Bewußtsein zu erreichen, wo wir nicht das geringste Bedauern mehr empfinden würden für auch nicht die kleinste Sache, die in unserem Leben passiert war. Nur dann könnten wir gesalbt werden.

Deshalb legte ich mich natürlich mit allen anderen wie angeordnet auf den Boden und arbeitete an meinem Bewußtsein, um absolut sicher zu wissen, daß ich kein einziges Bedauern für irgendein Ereignis in meinem Leben empfand. Ich war entschlossen, einer der Gesalbten zu werden, um auf diese Weise meinen Weg ins Überbewußtsein voranzuschreiten.

Nachdem ich mit aller Macht gekämpft hatte, fühlte ich, daß ich am Ziel war. Ich wußte ohne den Schatten eines Zweifels, daß ich für nichts, was in meinem Leben passiert war, Bedauern empfand. Ich akzeptierte alle meine Erfahrungen als wahre Perlen der Weisheit.

Gerade als ich diesen Zustand erreicht hatte, hörte ich RAM sagen, daß jeder, der gesalbt worden war, zum Meditationsberg hinaufgehen und dort auf ihn warten solle. Ich öffnete meine Augen und sah einige Leute aufstehen und zur Tür gehen. Ich folgte ihnen und sprach im Stillen meinen Dank aus, daß ich diese Schwelle in meinem Bewußtsein erreicht hatte.

Draußen freute ich mich, meine Mitbewohnerin Laya in der Gruppe zu sehen. Sie bat mich zu warten, während sie in den Frauen-Schlafraum ging. Ich wartete und beobachtete, wie die meisten anderen sich auf den Meditationsberg hinauf begaben. Plötzlich kam Laya herausgerannt und erzählte mir, daß unsere Freundin Amber echtes Öl auf ihrer Stirn und ihren Händen hatte und daß wir zurückgehen sollten in den Raum, in dem Ramtha noch sprach. Ich schaute sie ungläubig an und sagte ihr, daß nichts mich davon abhalten könne, ins Überbewußtsein weiterzugehen, ganz egal auf welche Weise sich bei Amber wie durch ein Wunder echtes Öl auf ihrer Stirn manifestiert hatte. Und ich ging mit den anderen den Berg hinauf.

Sie ging zurück, und ich drängte mit den übrigen hinauf zur sternenklaren Vollmondnacht auf dem Gipfel des Meditationsberges. Dort saß ich mit den anderen schweigend, wartete und war voll Erwartung und beobachtete einen beständigen Strom zum Gipfel heraufkommen. Plötzlich sah ich auch Laya den Berg heraufkommen, und mein Herz hüpfte vor Freude. Sie war zur Besinnung gekommen und hatte sich schließlich doch entschlossen, das Überbewußtsein anzustreben!

Damit lag ich völlig daneben! Laya kam schnell herauf und sagte drängend: „Komm zurück, Michael. Ramtha salbt jeden einzelnen. Du mußt zurückkommen - beeil dich!" Erst als sie mir ihre ölige Stirn und ihre öligen Hände gezeigt hatte, glaubte ich endlich, daß Ramtha jeden mit echtem Öl salbte. Da sprang ich auf und rannte den Hügel hinunter, so schnell mich meine Füße tragen konnten. Mein Herz schlug wild. Ich mußte es einfach noch rechtzeitig schaffen, um auch mit Öl gesalbt zu werden!

Endlich stand ich wieder vor der Versammlungshalle. Als ich die Türen aufschob, sank mir der Mut. Ramtha, Jeff und Anne Marie drehten sich gerade auf dem Absatz um und gingen zur Bühne zurück, wo Ramtha gesessen hatte. Schnell rannte ich in den Saal, über andere Leute hinweg, bis ich einen freien Platz fand. Ich streifte meine Schuhe ab und legte mich hin, schloß die Augen und wünschte von ganzem Herzen, daß RAM zurückkommen möge, um mich zu salben.

Ein paar Augenblicke vergingen. Dann hörte ich Anne Marie leise sprechen, während sie den Mittelgang entlangging. Sie sagte allen, sie sollten aufstehen und nach vorne kommen. Ramtha wollte jetzt vorne an der Bühne die Salbung vornehmen. Ich stellte mich in die Reihe, die sich schnell vor der Bühne bildete. „Bringt eure Socken mit", lautete die plötzliche neue Anweisung.

Es war wie ein Wunder, als jeder einzelne vor mir sich umwandte und zurückging, um seine Socken zu holen. Ich hatte vergessen, meine Socken auszuziehen, deshalb war ich jetzt der erste in der Reihe, und Jeff schob mich nach vorn. Ich trat vor und zog meine Socken aus. Wie mir gesagt wurde, kniete ich mich vor RAM hin, so daß er meine Stirn salben konnte, während Jeff und Anne Marie Öl auf meine Füße und Hände strichen. Mein ganzer Körper zitterte. Der Augenblick war gekommen!

RAM schaute mich mit Augen der Liebe an, die bis in die Ewigkeit hineinreichten. Er begann, meine Stirn zu salben, blickte mit dieser unendlichen Liebe tief in meine Seele hinein, und ich hörte ihn sagen: „Was Gott der Allmächtige gegeben hat, das kann niemand mehr wegnehmen, bis in alle Ewigkeit!!"

Bei diesen Worten überschwemmte ein Sturzbach von Tränen meine Augen, und ich durchlebte noch einmal meine Erfahrung als das goldene Lamm Gottes. Ich fühlte Entzücken, Freude und Glückseligkeit ohne Grenzen, wie es mit Worten nicht auszudrücken ist. Langsam sammelte ich mich in meinem zitternden, schluchzenden Körper und trat zur Seite, so daß der nächste Bruder gesalbt werden konnte. Ich ging, sprang und rannte zurück auf den Gipfel des Meditationshügels, um mich der Gruppe der Meister anzuschließen, die in der wunderbaren Vollmondnacht auf Ramtha warteten. Es war die Nacht aller Nächte!

Später während des Treffens hörte ich, wie einige andere über das Buch der Offenbarung redeten, über Ram und das Lamm Gottes. Während einer Mittagspause ging ich in die Institutsbibliothek und schaute dort in die reich verzierte Bibel. Sie lieferte die letzten Verbindungsstücke zu einem lebenslangen Geheimnis um meine Todeserfahrung als goldenes Lamm Gottes und zum ersten Christus, RAM, den ich jetzt auch als Lamm Gottes kenne, wie es vor so langer Zeit vom Apostel Johannes prophezeiht worden war.

Nachdem ich auf diesem Treffen so gründlich umgekrempelt worden war und mich wie neugeboren fühlte, habe ich den einzigartigen neuen Namen Michael angenommen.

Traum von der Zukunft

Während all der Jahre seit seiner Rückkehr auf die Erde drängte RAM alle Teilnehmer seiner Treffen dazu, nach dem Überbewußtsein zu streben. Er versprach auch denen, die sich allein darum bemühten, ihnen durch ihre Träume Hilfe zu schicken. Er erklärte, daß wir in unseren Träumen leichter lernen und Visionen sehen könnten als während der Zeiten des wachen Bewußtseins, weil unser irregeleitetes Ich nicht an der Tür unseres Geistes Wache stehen und uns daran hindern könnte, in das Becken der grenzenlosen Gedanken zu springen.

Im späten Frühjahr 1988 erzählte mir einer der in Yelm lebenden Meister den folgenden sehr lebhaften Traum, den er erst in der Nacht zuvor geträumt hatte.

In seinem Traum befand er sich in einem üppigen, schönen, grünen Tal, das von mehreren hohen Bergen mit schneebedeckten Gipfeln umgeben war. Er tanzte mit vierzig oder fünfzig anderen Meistern zusammen auf einer Wiese. Alle hielten sich an den Händen und bildeten einen großen Kreis von Tänzern, und alle drehten sich im Kreis.

Plötzlich steigerte sich die Geschwindigkeit der Tänzer. Sie fingen an, sich in ihrem Kreis immer schneller und schneller zu drehen und erreichten bald eine unglaubliche Geschwindigkeit. Kurz darauf ließen alle die Hände los und begannen, jeder allein, sich schneller und schneller und schneller zu drehen. Ihre Geschwindigkeit ereichte einen Punkt, an dem alle transparent wurden. Sie verschwanden vollständig aus der dreidimensionalen Realität.

Im nächsten Augenblick tauchten alle zusammen wieder auf, an einem Ort, der aussah, wie der „Himmel auf Erden". Die Farben und die Schönheit von allem ließ sich nicht mehr beschreiben. Die Meister vollbrachten fröhliche, unglaubliche Dinge. Viele flogen mit allergrößter Leichtigkeit durch die Lüfte. Der Mann, der diesen Traum träumte, sagte mir, er sei in einen Sonnenstrahl hineingetaucht.

Jedesmal, wenn sie aneinander vorbeikamen, hielten sie an und umarmten sich herzlich. Das Strömen der Liebe, das beim Austausch dieser Umarmungen zu fühlen war, ließ sich nicht beschreiben - schieres Entzücken!

Während dieser letzten Traumphase sagte eine Stimme, die sehr an die Stimme RAMs erinnerte, fortwährend so etwas wie einen begleitenden Gedanken: „Ja. Ja, ihr werdet es schaffen!"

Damit erwachte der Meister aus seinem erfreulichen Traum und fühlte sich, als hätte er die ganze Welt in seinen Händen. Sein Traum verlieh nicht nur ihm ein Gefühl von Frieden und Zuversicht, sondern auch mir und vielen anderen, die ihn hörten. Wir danken Gott für unsere Träume!

Eine wundersame Heilung

Marie erzählte, daß sie als Kind ständig Schmerzen in ihrem rechten Bein und im unteren Rückenbereich hatte. Ihre Mutter betrachtete das einfach als „Wachstumsschmerzen". Mit 19 hatte Marie ihre erste Rückenoperation, auf die noch fünf weitere folgten.

Sie hatte sich gerade von diesen Operationen erholt, als sie einen wundervollen Mann traf, der in einem Zirkus auf dem Hochseil arbeitete. Sie lernte, mit ihm auf dem Hochseil zu arbeiten. Gerade als Marie dachte, daß ihre Rückenschmerzen endgültig vorbei waren, hatte sie einen Autounfall. Das Auto war völlig kaputt, und sie hatte so viele Knochenbrüche, daß ihr ganzer Körper in einen Gipsverband kam.

Sie hatte am ganzen Körper große Narben. Es folgten noch einmal fünf Operationen. Sie erholte sich allmählich, als die gebrochenen Knochen heilten, aber die Rückenschmerzen waren jetzt noch schlimmer als je zuvor.

Zu diesem Zeitpunkt sah Marie RAM auf dem Honolulu-Video. RAM sagte ganz deutlich, daß er den Menschen, die dort anwesend waren, helfen werde. Als sie auf dem Bildschirm in seine Augen blickte, da fühlte sie sich von explosiver Energie durchdrungen. Als sie spürte, daß RAM wußte, wovon er sprach, rief sie ihn als Vater an, sie von ihren Schmerzen zu befreien. Plötzlich begann ihr Körper zu zucken, und sie wurde ohnmächtig. Als sie das Bewußtsein wiedererlangte, waren ihre Rückenschmerzen völlig verschwunden.

Diese Heilung geschah im November 1987. Bis heute sind die Schmerzen nicht wieder aufgetreten. Marie ist jetzt eine äußerst hübsche Frau, die sich ausgeglichen und anmutig bewegt. Sie ist jeden Tag von Dank erfüllt, daß sie den gesellschaftlichen Lebensstil und die peinigenden Rückenschmerzen, die ihren Körper so lange gequält haben, hinter sich gelassen hat. Anstatt mit unerträglichen Schmerzen ist ihr Leben jetzt gefüllt mit Freude, Frieden und Gesundheit, die ihr niemand auf der Erde je wieder wegnehmen kann.

RAM im Schlafzimmer

Kerri erzählte, daß sie bereits seit einigen Jahren eine Anhängerin von RAM gewesen war, jedoch nie ein besonderes Erlebnis hatte. Eines Abends dann geschah es.

Sie lag auf ihrem Bett und wollte gerade das Licht ausmachen und schlafen. Plötzlich fühlten sich ihre Augen zu dem großen Polstersessel in der entfernten Ecke des Schlafzimmers hingezogen. Sie riß die Augen weit auf. Sie beugte sich vor, um besser zu sehen.

Eine riesige, beeindruckende Männergestalt in einem Gewand aus Purpur und Weiß saß in diesem Stuhl. Seine langen Beine und sein langer Oberkörper ließen den großen Polstersessel ganz klein erscheinen. Der Mann hatte ein atemberaubendes, wunderbares Lächeln auf seinem Gesicht, und der Raum war erfüllt von seinem Licht. Er war von solcher Wohlgestalt, wie man sich einen Mann kaum vorstellen konnte. Ihre Seele fühlte sich von Frieden erfüllt, als sie seinem Blick begegnete. Seltsamerweise empfand sie keine Angst, sondern nur Verwunderung und Ehrfurcht.

Ehe sie sprechen konnte, verschwand die Erscheinung. Sie wußte, daß es RAM gewesen sein mußte, der sie besucht hatte, und sie war von Entzücken bewegt und erfüllt von der Freude über dieses kurze, aber herrliche Erlebnis.

Bei einem späteren Treffen mit RAM hörte sie, wie JZ RAM in seinem spirituellen Körper als große beeindruckende Gestalt beschrieb. Da wußte sie ganz sicher, daß RAM sie an diesem wunderbaren Abend wirklich in ihrem Schlafzimmer besucht hatte.

Engelslichter

Del, eine sehr engelhafte Meisterin, berichtete mir davon, wie sie sehr ungewöhnliche Lichtenergie-Muster bei einem der RAM-Intensivtreffen gesehen hatte. Sie erklärte, daß sie fähig war, überall um sich herum Ausstrahlungen und „nie gesehene" Wesen zu sehen. Ihre Fähigkeit des Sehens war in den vergangenen Monaten deutlich gesteigert worden.

Bei einem Treffen in Seattle sah Del seltsame, extrem helle Lichtpunkte, die sich oben an der Decke hoch über RAM befanden. So sehr sie sich auch bemühte, konnte sie doch keine Erklärung für diese geheimnisvollen Lichter finden. Das Geheimnis wurde jedoch bald gelüftet.

Als RAM zu den Anwesenden sprach, hielt er plötzlich inne, blickte hinauf an die Decke und schaute dann wieder auf die Menge der Anwesenden. Er sagte, er wünschte sich, daß jeder hier die Engel sehen könnte, die hier an der Decke dem Treffen beiwohnten. Da ich bei diesem speziellen Treffen auch anwesend war, schaute ich angestrengt nach oben, konnte aber nichts Ungewöhnliches erkennen.

Einen Augenblick später fuhr RAM fort zu lehren, und die meisten von uns Anwesenden wunderten sich, wovon er gesprochen hatte, als er sagte, daß auch Engel bei unserem Treffen mit dabei wären. Aber für Del war es eine großartige Antwort auf das, was sie so heftig verwirrt hatte. Jetzt war ihr der Ursprung der ungewöhnlichen Formen aus Lichtenergie bekannt!

Del erzählt, daß sie seit diesem Tag viele solche „Engel" in verschiedenen Größen, Farben und Formen gesehen hat, und zwar fast überall. Bald wird der glückliche Tag kommen, an dem meine Augen - und auch eure Augen und die von allen anderen auf der Welt - deutlich alles Sichtbare und „Unsichtbare" erkennen können.

Ameisen

Während einer Ansprache in Denver über die Veränderungen in der Welt drängte RAM jeden von uns dazu, Lebensmittel und Vorräte für die bald bevorstehenden Tage der Dürre und des wirtschaftlichen Zusammenbruchs einzulagern. Er bezeichnete die „demütige" Ameise als einen der besten Lehrmeister, die es gibt. Er ging sogar so weit zu sagen, daß unsere Zivilisation, wenn die Menschheit so kooperativ und vorausschauend wäre wie die Ameise, einen großen Fortschritt machen würde. Sie befände sich dann nicht in dem verseuchten, heruntergekommenen Zustand, in dem sie sich heute befindet.

RAM pflegte jedem von uns individuelle Lebenserfahrungen zu schicken, die „Botschaften" genannt wurden. In diesem Zusammenhang sagte RAM jetzt, daß er uns allen die besten zur Verfügung stehenden Botengänger schicken würde, und zwar die Ameisen. Er sagte, Ameisen würden unmittelbar aus dem Nichts in unser Leben treten, dafür würde er sorgen.

Es wäre dann unsere Aufgabe, diese wunderbaren kleinen Boten zu beobachten in der Hoffnung, daß sie uns alle inspirieren würden, produktiver, kooperativer und vorausschauender zu werden. Er teilte uns mit: Die Überlebenden, die die Erde während der kommenden Zeit des Überbewußtseins erben, werden die sein, die Lebensmittel und Vorräte auf die Seite schaffen und die nicht auf fremde Hilfe angewiesen und daher unabhängig sind.

Debbie wollte von Denver aus am nächsten Tag direkt in den Nordwesten fliegen, um ein Haus zu besichtigen, das ich in Rainier, Washington, zum Verkauf anbot. Getreu ihrem Versprechen tauchte sie am nächsten Tag in Washington auf. Zusammen mit Greta, einer Freundin, die ebenfalls das Denver-Treffen besucht hatte, besichtigten wir das Haus und das Grundstück, das ich verkaufen wollte.

Das Haus war von Mietern bewohnt. Als wir uns der Tür näherten, um Debbie das Innere zu zeigen, wurde Greta von den beiden kleinen Jungen, die hier wohnten, an der Hand genommen. Sie waren aufgeregt und ganz versessen darauf, ihr etwas zu zeigen. Deshalb ging sie mit ihnen ein paar Meter mit. Zu ihrer großen Überraschung und

Freude zeigten die Buben ihr den größten Ameisenhügel, den sie je gesehen hatte!

Hunderttausende von Ameisen eilten hin und her und schleppten emsig an ihrem Überlebenswerk. Genau wie RAM es empfohlen hatte, beobachteten wir drei fasziniert die eifrigen Boten, die sich mit ihrer Hauswirtschaft und der Lebensmittelbeschaffung beschäftigten. In weniger als 24 Stunden waren unsere Ameisenboten in unser Leben eingetreten, um uns die Kunst des Überlebens und eines gewinnbringenden täglichen Lebens zu lehren.

Ein Blick zurück

Im Jahre 1987 wies RAM in Yucca Valley die anwesenden Teilnehmer an, an diesem Abend um 7 Uhr hinauszugehen, sich für einen kurzen Moment nach Osten zu drehen, sich dann zu setzen und den westlichen Himmel zu betrachten. Er wies jeden von uns an, eng aneinanderzurücken, aber jedem genug Raum zu gewähren, daß er seine eigenen Erfahrungen machen und auch fühlen könne.

Leonard, einer der anwesenden Meister aus Rainier in Washington, erzählte mir diese Geschichte. Nachdem er nach Osten und Westen geblickt und sich dann gesetzt hatte, um den westlichen Himmel zu betrachten, fiel er allmählich in einen Zustand des Halbschlafens und Halbwachens. Plötzlich fand er sich in der Vergangenheit wieder.

Er saß an einem großen Lagerfeuer. Um ihn herum war beträchtliches Rennen und Treiben. Zehntausende Soldaten gingen und liefen zwischen den Lagerfeuern und Zelten herum. Die Luft war von lärmendem Gelächter erfüllt und von den Geräuschen und Gerüchen von Tieren - Ziegen, Pferden und anderen Haustieren.

Er war ein Soldat in der Armee des RAM vor 35000 Jahren und saß mit seinen Kameraden an einem riesigen Lagerfeuer. Die Vision war Wirklichkeit. Er war wirklich da.

Allmählich lösten sich die Szenen und Nebel der Vergangenheit wieder auf. Leonard sagte, daß er in ekstatischer Ehrfurcht dasaß und über die Vision nachdachte, die er gerade durchlebt hatte. Plötzlich fühlte er, wie eine starke, aber unsichtbare Hand seinen Arm packte. Er wurde starr vor Angst. Da ließ der Griff an seinem Arm nach. Es war niemand in der Nähe, aber die Hand, die seinen Arm gepackt hatte, war fest und entschlossen gewesen.

Seine Furcht verschwand, als er die Erkenntnis erlangte, daß RAM ihm diese wunderbare Vision eingegeben hatte, die er soeben gesehen hatte. Der Griff der unsichtbaren Hand war einfach eine zusätzliche Bestätigung für seinen fragenden Geist gewesen, daß er in der Tat einen Blick zurück in die Vergangenheit erlebt hatte.

Regen in Chicago

RAM hat die Fähigkeit, an allen Orten gleichzeitig zu sein, und dieser Aspekt seines Bewußtseins wird in der folgenden Geschichte ganz deutlich.

Regina war verzweifelt. Sie stand auf dem Flughafen von Chicago und wartete auf ihren Flug nach Seattle, wo sie einem Treffen mit RAM beiwohnen wollte. Die Zeit war knapp. Wenn sie nicht innerhalb der nächsten Stunde einen Flug bekäme, dann würde sie ihre Verbindung nach Seattle verpassen. Als Folge davon käme sie Stunden zu spät oder würde vielleicht sogar das gesamte Ramtha-Treffen versäumen.

Der Kapitän ihres Fluges war krank geworden, und die Fluggesellschaft suchte verzweifelt nach einem anderen qualifizierten Piloten, der den planmäßigen Flug übernehmen könnte. Was die Sache noch verschlimmerte, war die Tatsache, daß es ohne Unterlaß schüttete. Bald würde Panik ausbrechen.

Regina ging auf und ab und beruhigte sich schließlich, indem sie eine verzweifelte Bitte an RAM richtete. „Es regnet in Chicago, und wir brauchen dringend einen Piloten für unser Flugzeug", rief sie im Stillen. „Wirst du mir helfen, Ramtha? Ich habe so lange darauf gewartet, zu einem Treffen mit dir zu kommen, ich will diesen Flug nicht versäumen!"

Sie fühlte sich eindeutig besser, nachdem sie ihren geistigen Ruf ausgesandt und RAM um Hilfe angerufen hatte. Deshalb entspannte sie sich und begann, die Passagiere zu beobachten, die um sie herum kamen und gingen. Ein paar Minuten später knackste es im Lautsprecher, und die Fluggesellschaft gab bekannt, daß ihr Flugzeug jetzt Passagiere an Bord nehmen konnte.

Voll Freude und mit einem ernsten „Danke, RAM" ging sie an Bord. Ein qualifizierter Pilot war unerwartet auf dem Flughafen aufgetaucht. Bald waren sie unterwegs, und Regina war glücklich, denn sie wußte, sie würde ihren Anschluß nach Seattle erreichen und rechtzeitig für das Treffen mit RAM ankommen.

Am nächsten Tag erzählte Regina ihrer Freundin von der verzweifelten Zeit in Chicago und ihrer Bitte an RAM. Ihre Freundin fragte, um welche Uhrzeit das geschehen war. Sie war am Tag zuvor bei einem Treffen mit Ramtha anwesend gewesen, und genau zu dieser Zeit hatte RAM mitten im Satz innegehalten und gesagt: „Es regnet in Chicago." Ohne weitere Erklärung fuhr er mit dem Gedanken fort, den er gerade vorgetragen hatte. Die Zuhörer wunderten sich, warum er diese Einzelheit erwähnt hatte.

Offensichtlich wußte RAM, daß Regina am nächsten Tag mit ihrer Freundin darüber sprechen und dadurch eine absolute Bestätigung erhalten würde, daß ihr Hilferuf erhört worden war. Das unerwartete Auftauchen eines Ersatzkapitäns war kein Zufall gewesen.

Das Wunder der Rose

Diese kurze, aber hübsche Geschichte wurde von Debbie aus Rainier, Washington, selbst erzählt:

„Ich war bei einem Treffen in Yucca Valley. Irgendjemand gab Ramtha eine kleine rosafarbene Rosenknospe. Sie war ganz welk und kraftlos von der Hitze und vom Mangel an Wasser.

Ramtha spielte damit, während er sprach, und wedelte mit ihr achtlos von einer Seite zur anderen. Dann steckte er sie in Jeffreys Trinkglas. Meine Augen waren auf Ramtha gerichtet. Ich hing an jedem seiner Worte. Etwa fünfzehn Minuten später blickte ich auf die Rose. Sie stand völlig aufrecht! Während ich hinschaute, begann sie langsam aufzublühen!

Da ich in den vordersten Reihen in der Nähe der Bühne war, rief ich Jeff zu: „Schau dir die Rose an!"

Jeff sah auf die Rose und sagte dann zu Ramtha: „Schau dir die Rose an!"

Ramtha sagte mitten in seinen Erklärungen ganz nebenbei: „Sie brauchte etwas Leben, also gab ich ihr Leben." Und er fuhr fort zu sprechen, ohne aus dem Rhythmus zu kommen. Ha! Unglaublich!

Das telepathisch begabte Kind

Seit einigen Jahren teilt RAM auf seinen Treffen den Zuhörern mit, daß die Kinder, die jetzt wiedergeboren werden, in der Entwicklung ihrer psychischen Kräfte viel weiter fortgeschritten sind. Diese Aussage wurde von mindestens zwei kleinen Kindern bestätigt, die ich hier im Nordwesten persönlich kenne.

Gus, einer dieser kleinen Buben, begann bereits vor seinem zweiten Geburtstag mit dem Schachspielen. Und er merkt sich anscheinend die Namen aller Leute, die er trifft.

Der andere Knirps, Bob, ebenfalls erst knapp zwei Jahre alt, ist ein Bündel von unverfälschter Liebe, Freude und Ekstase. Alle Erfahrungen im Leben scheinen ein Aufglühen von Licht und Freude in das Wesen dieser kleinen Buben zu bringen. Beide besitzen sie die Freude an neuen Abenteuern.

Tom, ein mit mir befreundeter Geschäftsmann, erzählte mir, daß ihm ein geistesverwandter Freund gesagt hatte, er solle bei jedem Treffen mit einem Kind unter drei Jahren mit ihm in direkten Augenkontakt treten. Und dann solle er auf telepathischem Wege in seinem eigenen Kopf zu ihm sagen: „Ich weiß, warum du hier bist." Für mich bedeutet diese Aussage, daß das Kind selbst beschlossen hat, während dieser Zeit auf der Erde wiedergeboren zu werden, weil es die Zeit des Kommenden ist, die Zeit des RAM, die Zeit der Veränderung, die Zeit des Überbewußtseins.

Irgendwann einmal, als Tom den kleinen Meister Bob traf, nahm er klaren Augenkontakt mit ihm auf und übermittelte dem kleinen Jungen die geistige Botschaft: „Ich weiß, warum du hier bist."

Er berichtete, daß der kleine Bob ihn mit plötzlicher Verwunderung und großer Freude anblickte. Er lächelte von einem Ohr zum anderen, drehte sich dann um und lief hinüber zu seiner Mutter.

Tom sprach weiter mit dem Vater des Kindes. Ein paar Minuten später fühlte er, wie er wiederholt am Hosenbein gezupft wurde. Offensichtlich wollte der kleine Bob hochgenommen werden, deshalb nahm er das kleine Kind auf seinen Arm. Bob drückte sofort seinen Kopf gegen Toms Kopf. Tom berichtet, daß eine kräftige Stimme deutlich in seinen Kopf eindrang und sagte: „Mein Freund, du bist ein großes Licht. Du wirst sehr geliebt!"

Tom wollte kaum seinen Ohren trauen. Er blickte mit Ehrfurcht und Verwunderung auf den Jungen, der jetzt deutlich machte, daß er wieder hinunter wollte. Es war schwierig für Tom, sich jetzt auf das Gespräch mit dem Vater zu konzentrieren, der interessiert war, einiges an Ausrüstung in Toms Laden zu kaufen. Während sie sprachen, blickte er mehrmals auf den kleinen Jungen, der wissend zu ihm zurücklächelte.

Nach einigen weiteren Minuten im Gespräch mit dem Vater des Jungen spürte er wieder das gleiche vorsichtige Zupfen an seinem Hosenbein. Noch einmal hob er das strahlende Kind auf seinem Arm, und wiederum drückte das Kind sein Gesicht und seinen Kopf gegen Toms Kopf.

Tom sagte, daß er bereits während der vergangenen Wochen versucht hatte, den Begriff „bedingungslose Liebe" zu verstehen. Er hatte darüber wieder und wieder nachgedacht, hatte aber den Eindruck, daß er diesen Begriff nicht vollständig verstehen könne. RAM hatte gesagt, daß alle von uns eines Tages lernen müssen, bedingungslos lieben zu können.

Als dieses kleine Kind seinen Kopf fest herandrückte, dröhnte die gleiche kräftige Stimme sogar noch lauter in den Kopf meines Freundes. „Tom, du bist die Liebe. Der Schmerz kommt davon, daß du selbst von den anderen getrennt bist. Liebe ist in allen Dingen. Sie ist in dir, und nicht außerhalb von dir. Hör auf, außerhalb von dir danach zu suchen. Du bist Liebe, du wirst geliebt."

Nachdem die Botschaft übermittelt worden war, zeigte das Kind an, daß es wieder auf den Boden hinunter gelassen werden wollte. Tom erzählte den Eltern später, was ihr Sohn ihm mitgeteilt hatte.

Ein paar Tage später fragte die Mutter den kleinen Bob, was er zu Tom gesagt hatte. Das kleine Kind lächelte breit und deutete dreimal auf seinen eigenen kleinen Kopf. Seine Mutter war starr vor Verwunderung. Es sollte tatsächlich bedeuten: „Botschaft erhalten".

Ameisen als Boten

Carol, eine mit kraftvollem Lebenseifer erfüllte Meisterin, erzählte mir, wie sie einmal das Haus voller Boten hatte. Die Boten waren Ameisen, die buchstäblich überall in ihrem Haus herumrannten.

Carol war 1986 gerade aus Denver vom Ramtha-Treffen zurückgekehrt, wo man ihr gesagt hatte, daß sie große Lehrmeister in ihrem Leben zu erwarten hätte, und zwar Ameisen. Ihres Wissens nach war in ihrem Haus noch niemals eine Ameise gewesen. Aber ein paar Tage nach ihrer Rückkehr aus Denver kam sie vom Einkaufen nach Hause und war völlig verstört, feststellen zu müssen, daß Tausende von Ameisen überall und in allen Räumen herumliefen. Ihr erster Gedanke war, sie vollständig auszurotten. Aber es waren zu viele. Außerdem: wie hätte sie das ihren „Lehrmeistern" antun können? Nach ausgiebigen Überlegungen, was zu tun sei, begann sie schließlich, die Situation von der humorvollen Seite zu sehen, und sie brach in langanhaltendes Lachen aus. Sie beschloß, von dieser Vielzahl kleiner Boten zu lernen. Sie studierte die Aktivitäten der Ameisen, wie sie Nahrungsbrösel sammelten und überall nach noch mehr Nahrung suchten. Und dann kam ihr eine Idee. Wenn sie einfach die Anwesenheit der Ameisen akzeptierte aufgrund der Tatsache, daß sie ihr aus einem bestimmten Grund geschickt worden waren, und wenn sie dann ihre Lektion gelernt hatte, dann konnte sie damit rechnen, daß die Ameisen sich aus freien Stücken wieder zurückziehen würden.

Carol sprach diesen Entschluß mit einem leidenschaftlichen „So soll es sein" aus und wandte sich den Dingen zu, die sie selbst zu tun hatte. Etwa eine Stunde später bemerkte sie, daß jetzt nur noch hin und wieder eine Ameise oder zwei zu sehen waren, und bald gingen auch diese emsig ihrer Wege. In der Zwischenzeit hatte Carol wie die Ameisen auch ihre eigenen Haushaltspflichten erledigt und ging mit einem ganz neuen Gefühl des Friedens und des Verständnisses in den Abend. Der erste Tagesordnungspunkt für den nächsten Morgen würde der Einkauf und die Bevorratung ihrer eigenen Lebensmittel für die kommenden Tage sein. Carol wußte, wenn ihr eigener „Winter" kommen würde, dann wäre sie wie die Boten-Ameisen in der glücklichen Lage, darauf vorbereitet zu sein.

Ein vollkommener Spiegel

RAM verkündet ohne Unterlaß, daß wir andere niemals wirklich sehen oder kennen, denn wir sehen in ihnen immer nur das gespiegelt, was in uns selbst ist. Jeder Mitmensch ist ein Spiegel für uns selbst.

Linda aus Rochester, Washington, deren Augen immer strahlen und die immer lächelt, erzählte mir, wie sie begonnen hatte, jedermann in ihrem Leben als einen Spiegel zu sehen. Es schien für sie ein bedeutsamer Weg zu ihrer eigenen Identität zu sein, die eigenen Eigenarten in den anderen zu erkennen. Es war wichtig für sie, alles, was sie in ihrem Ehemann, ihrer Familie, ihren Freunden oder neuen Personen in ihrem Leben sah, als Reflektionen ihres eigenen Selbst zu betrachten.

Dieser Einstellung war sie monatelang treu geblieben, so daß diese Einstellung für sie ein fester Bestandteil ihres Lebens zu werden begann. Ihr Ehemann hatte sich verletzt und konnte keinerlei schwere Arbeit tun, deshalb entschloß sich Linda, die nötige Gartenarbeit selbst zu erledigen. Bald nachdem sie begonnen hatte, tief im Boden zu graben, wurde etwas Langes und Glänzendes aus dem Boden hervorgeschleudert und flog durch die Luft. Es blitzte im Sonnenlicht. Neugierig hielt Linda in der Arbeit inne, um nachzusehen, bückte sich und hob es auf. Zu ihrer Überraschung und ihrer Belustigung blickte sie in einen großen, klaren, unversehrten Spiegel.

Vor langer Zeit war der Spiegel unter sechs oder acht Inch Boden begraben worden und hatte offensichtlich dort den Tag erwartet, an dem er wieder ans Sonnenlicht zurückkommen würde. Der Spiegel war konvex und gab deshalb alle Bilder viel größer als in Wirklichkeit wieder. Linda brach in Lachen aus. Jeder und alles war in der Tat ein Spiegel. Anscheinend hatte ihre neue Denkweise im Sinne des Spiegels eine äußerst irdene Ebene erreicht.

Sie legte den Spiegel an einem sicheren Platz zur Seite und fuhr mit der mühevollen Arbeit fort, aber nicht ohne allen Mächten in ihrem Inneren Dank zu sagen für das ergreifende Wunder, einen wirklichen und greifbaren Spiegel ans Licht zu bringen. Es ist ein höchst symbolischer und äußerst nachdenklich stimmender Fund, sagte Linda, und sie wird ihn immer in Ehren halten.

Das Colorado-Hoch

Lynn enthüllt mit ihren eigenen Worten die Auswirkungen des Treffens in Snow Mountain im Mai 1987.

„Es gibt zwei Wege, den Berg hinter meinem Haus in Kalifornien zu besteigen. Der normale Weg zeigt ausgedehnte Ausblicke über das San Fernando Valley, während der Pfad sich allmählich nach oben windet. Der andere Weg geht gerade nach oben, den niemand nimmt, solange er bei vernünftigem Verstand ist, außer vielleicht Schüler von der High School bei einer Mutprobe. Während der Ausblick von diesem Weg vielleicht spektakulär sein mag, ist der Anstieg mühevoll, um es milde auszudrücken. Er ist die Anstrengung einfach nicht wert, es sei denn, man ist entweder dieser Verrückte von der High School oder man trainiert für Olympia.

An diesem Morgen ging ich den direkten Weg nicht nur hinauf - ich rannte hinauf. Und ich kann dir versichern, ich bin weder eine Schülerin der High School noch Olympiateilnehmerin. Aber der schlimmste emotionale Schmerz, an den ich mich erinnern kann (einschließlich des schmerzlichen Bruchs meiner 15 Jahre dauernden Partnerschaft), pumpte so viel emotionales Adrenalin durch meinen erbosten Körper, daß ich den Berg mit der Leichtigkeit einer Gazelle bezwang. Für eine Frau im Alter von 55 Jahren war diese Leistung durchaus bewundernswert.

Oh, ich war viele Male dort oben gewesen, nur war ich bisher immer den 'normalen Weg' hinaufgegangen - auf dem Fußpfad. Ziemlich weit oben, wo der Blick sich endlos im Halbrund ausdehnen kann, gab es eine kleine flache Stelle, zu der ich oft gegangen war, um mit Ramtha zu sprechen und mit dem mir innewohnenden Vater in näheren Kontakt zu kommen. Es war ein besonderer Platz für mich, und ich liebte ihn.

Falls ich außer Atem war, als ich oben ankam, so erinnere ich mich nicht. Ich erinnere mich nur, daß ich auf meine Knie fiel und auf den Boden hämmerte, während Schluchzen und Tränen unkontrollierbar hervorbrachen. Unter Qualen setzte ich intensivere Emotionen frei, als ich jemals in mir vermutet hätte.

Ich beschimpfte RAM mit allen möglichen Namen. Drei Monate lang hatte ich seine Lehren immer mehr lieben gelernt. Jetzt fühlte ich mich völlig betrogen von der einzigen Sache in meinem Leben, die mir ein bißchen Hoffnung und Glauben an mich selbst gegeben hatte. Zorn und Tränen strömten aus, bis ich schließlich in völliger Erschöpfung nach Luft ringend zu Boden fiel.

An diesem Morgen war der Auslöser gekommen. Ich hatte eines meiner neuen Ramtha-Tonbänder mit dem Titel 'Krieg dem geschätzten Leben' angehört. Ich hatte es natürlich so gehört, wie ich es hören wollte - wenn jemand homosexuell veranlagt ist, so wie ich, dann war ich nicht nur falsch orientiert, sondern ich sollte an einen weit entfernten Platz 'verbannt' werden, wo ich für die nächsten 10000 Jahre meine Frustrationen zusammen mit all den anderen 'Perversen' auf der Welt ausleben könnte.

Mein Schmerz war schrecklich. Eine Stunde später rutschte ich auf dem steilen Weg wieder hinunter, völlig erschöpft und sehr wohl wissend, daß meine Beine nicht die Kraft für den 'normalen' Pfad hatten.

Ja, ich war immer noch dankbar, daß Ramtha in mein Leben gekommen war, denn ich wußte, in ihm lag die Botschaft der Wahrheit. Es dauerte einige Zeit, aber allmählich kehrte ich wieder zu den Tonbändern zurück und versuchte, diese wunderbare 'Verbundenheit' wieder aufzubauen, die im Wachsen gewesen war. Aber ich schaffte es nicht. Ich mußte meinen Weg noch einmal von vorne finden. Es schien mir daher wichtig, das Treffen in Snow Mountain zu besuchen.

Die Geschichte auf dem kalifornischen Berggipfel lag etwa vier Monate zurück, als ich in diese atemberaubende Landschaft von Colorado hineinfuhr. Am Sonntagabend verbrachte RAM in unserer ersten Sitzung die üblichen 30 oder 40 Minuten mit dem Herumgehen im Raum ... liebevoll, plaudernd, lachend, liebkosend. Ich war berührt, als er den Gang entlangging und seine Hand sanft auf meinem Kopf legte, während er seinen Satz beendete. Dann blickte ich zu ihm auf, und in diesem Augenblick veränderte sich mein Leben.

Er blickte auf mich herab, und in einem winzigen Augenblick des Wiedererkennens kam ein Ausdruck in sein Gesicht, den ich nie vergessen werde, solange ich lebe ... ein Ausdruck unmittelbarer, heftiger Liebe. Er nahm meinen Kopf und zog mich nahe zu ihm hin - fest, ganz fest - und er hielt mich dort, gegen sein Bein gedrückt. Er streichelte meinen Kopf, streichelte die Seite meines Gesichtes, hielt meinen Kopf fest an sich gedrückt, während er meinen Rollkragen hinabschob, um meinen Nacken zu streicheln, langsam und nicht zu leicht reibend, während mehr Liebe aus seiner Gestalt hervorfloß, als ich je geglaubt hätte, daß im Universum vorhanden ist.

Hätte er in diesem Augenblick versucht, sich zu bewegen, dann hätten wir wohl ein erstklassiges Unglück verursacht, denn ich habe die schwache Erinnerung, daß ich mich, so fest ich konnte, an seinen beiden Fußgelenken festklammerte.

Diese Augenblicke schienen für mich die wundervollste Ewigkeit in meinem ganzen Leben zu sein. Schließlich schaute ich zu ihm auf und murmelte so etwas wie 'Danke, daß du mir geholfen hast, mein Leben zu verändern'.

Mit einem liebevollen Lächeln sagte er: 'Ah, aber wir haben noch mehr zu tun ... damit du dich selbst lieben kannst.' Dann beugte er sich herab, küßte mich auf die Stirn und auf meine beiden Wangen und ging weiter. Ich war wie benommen. Es ist kaum zu beschreiben. Sprachlos. Verblüfft. Betäubt.

RAM hatte meine Qual gehört und verstanden. Das Gefühl war ehrfurchtgebietend. In dieser Nacht weinte ich dreißig Minuten lang auf dem kleinen Hügel hinter unserer Hütte die süßesten Tränen, die ich jemals vergossen habe. Ich flüsterte wieder und wieder meine Dankbarkeit gegenüber diesem liebenswertesten aller Wesen. Keine Sekunde habe ich in dieser Nacht geschlafen, und wäre diese Erfahrung das Gesamtergebnis meiner ganzen Woche geblieben, dann wäre ich eine veränderte Person gewesen. Dessen bin ich mir sicher. Aber das war kaum der Anfang von dem, was noch kommen sollte.

Als wir am nächsten Morgen mit Eifer unsere erste Frauenversammlung begannen, fühlte ich mich etwas betroffen, als RAM sagte, daß 'hier bei den Zuhörern Männer in Frauenkörpern sitzen', daß er uns aber alle als Frauen ansprechen werde. Ich war verärgert. - Ich mag vielleicht eine Homosexuelle sein, Freundchen, aber ich genieße es gründlich, eine Frau zu sein, und noch mehr solche Kommentare brauche ich nicht, vielen Dank! - (Ich hatte noch nicht das Video 'Seelenverwandte' gesehen, in dem Ramtha so wunderbar die Homosexualität erklärt.) Am Ende dieser Sitzung war ich aufgewühlt. Ich wußte, daß ich am nächsten Tag aufstehen und sprechen mußte, um etwas zu sagen - irgendetwas - was ihn überzeugen könnte, seine Belehrungen zu diesem Thema abzumildern. (Oh, ich Träumer!) Denn das war jetzt wirklich zu weit gegangen.

An diesem Nachmittag konnte ich immer nur daran denken, was ich am nächsten Morgen sagen wollte. Und wie ich es sagen wollte. Ich schritt drei Stunden lang tief im Wald hin und her und übte. Ich wollte, daß Ramtha seine Belehrungen gegenüber Homosexuellen änderte, damit noch mehr kommen und die Liebe kennenlernen könnten, die er mir gegenüber gezeigt hatte. Ich erkannte nicht, wie ich diese Belehrungen als Zeichen meines Selbsthasses interpretierte.

An diesem Abend kam RAM bei der allgemeinen Versammlung wieder auf mich zu, die Hände in die Hüften gestützt und mit einem strahlenden Lächeln im Gesicht. Ohne ein Wort und mit geschlossenen Lippen blickte er von der Seite auf mich herab und schüttelte den Kopf, was bedeuten sollte: 'Nun, du kleiner Racker, heute hast du dich aber wirklich angestrengt, nicht wahr?!'

Es war mir egal, ob er mich belauscht hatte oder nicht, auf jeden Fall war ich am nächsten Morgen bereit. Meine Hand schoß in dem Augenblick hoch, in dem er zu 'wahren Bekenntnissen' aufrief. Meine Nervosität, so wußte ich, kam nicht so sehr von der Tatsache, daß ich zum ersten Mal in meinem Leben dabei war, meine Homosexualität vor einer Gruppe von 160 'anständigen' Frauen (und ein paar wenigen 'Schwestern') zu bekennen, sondern eher vom Wissen, daß es schwer war, meine Gefühle an den richtigen Stellen deutlich zu machen, denn ich wußte, daß dieser Kerl mir bei den Proben zugehört hatte.

Um mein Gefühl der Unsicherheit zu überdecken, sagte ich: 'Natürlich hast du all dies schon gehört.'

RAM zog seine Augenbrauen hoch, schloß seine Augen, nickte und bedeutete mir mit einem 'Ja, aber mach nur weiter' fortzufahren. In seiner klassischen Zuhörerpose war er höchst aufmerksam.

Ich äußerte meine Bitte für einen verständnisvolleren Umgang mit meinen homosexuellen Brüdern und Schwestern. RAMs Antwort hätte nicht liebevoller, ausgeglichener und direkter sein können. Ich wußte, daß alles der Wahrheit entsprach. In meinem Inneren passierte etwas, obwohl ich keine Ahnung hatte, was es war. Ich konnte kaum warten, bis ich allein war.

Die ausgedehnte Wiese, die ich fand, erstreckte sich endlos bis zur kontinentalen Wasserscheide. Gelbe Wildblumen belebten den grünen Teppich in perfektem gestalterischem Gleichgewicht. Die Wolken waren großartig, jagten schnell zwischen den schneebedeckten Gipfeln hin und her. Meine Wiese war atemberaubend schön und völlig in sich abgeschlossen. Und ich war allein.

Meine Ekstase hatte einen Höhepunkt erreicht. Aber warum? Was war passiert, daß dies geschehen konnte? Ich hatte keine Ahnung. Ich flog höher als ein Drachen, und das war das einzig Wichtige. Dann begannen die Erkenntnisse und Enthüllungen so schnell aus mir herauszufließen, daß ich sie nicht aufschreiben konnte. Es waren Dinge wie ... ich konnte unmöglich dieses Maß an Liebe von Ramtha fühlen - entweder von ihm oder für ihn - ohne es in mir selbst zu haben. Von mir und für mich selbst. Das mußte bedeuten ... Was? Ich war dabei mich zu verlieben ... in mich selbst? So mußte es sein!

... Ganz unabhängig von meiner sexuellen Programmierung, war mein Ich gerade dabei, lebendig zu werden. Ich fühlte mehr Liebe zu mir selbst und anderen, als ich je für möglich gehalten hatte.

... Obwohl ich geglaubt hatte, daß ich meine Homosexualität bereits vor Jahren akzeptiert hatte, war sie mir nun zum ersten Mal in meinem Leben zu eigen. Niemals, aber auch niemals hatte ich meine lesbische Neigung in der Öffentlichkeit zugegeben. Trotz der wahrscheinlichen Zurückweisung lernte ich gerade, mich selbst zu lieben.

... Mein Licht begann hervorzutreten. Und ich konnte es fühlen. Aber am wichtigsten war, daß meine Freude aus dem Inneren kam, nicht von einer Liebesaffäre oder einem Geschäftsabschluß über eine Million Dollar. Mein Verstand war mein eigener freier Geist, der mein Licht zu einem immer stärker werdenden Strahlen brachte, wie ich es noch nie zuvor gekannt hatte.

In diesem Moment bestand ich nur noch aus Liebe, Kraft, Freude und Lachen. Ich fiel auf meine Knie und bat meinen Herrn und Gott, diesen Tag für immer im Gedächtnis zu behalten, denn es war in der Tat der Tag meiner Geburt.

Ehe ich an diesem Abend zu Bett ging, versuchte ich demütig und mit kaum bezähmbarer Gefühlswallung die Worte zu finden, um RAM für das Geschenk des neuen Lebens zu danken, das er mir bereitet hatte. Die Worte der Dankbarkeit schockierten mich, aber ich fühlte die Wahrheit dieser Worte aus allertiefster Seele.

Am nächsten Morgen kam RAM nach seiner Einleitung direkt von seinem Sitz zu mir und sagte etwas über das Belauschen zu jeder Zeit. Er nahm meinen Kopf in seine Hände und beugte sich zu mir herunter, um mir ins Ohr zu flüstern 'Wunderbare Frau'. Ich war mehr als schockiert. Nicht nur daß er mir in der vergangenen Nacht zugehört hatte und Verständnis zeigte, sondern er bezeichnete mich als das, was ich immer hatte sein wollen ... für ihn ein geläufiges Wort ... das Glockenläuten einer Kathedrale für mich.

Für die meiste Zeit der restlichen Woche sah ich ziemlich so aus wie Julie Andrews in der ersten Szene von 'Sound of Music': Ich wirbelte, weinte, lachte, brüllte, sprang, tanzte, sang und liebte die Erde, umarmte die Bäume und sprach unaufhörlich mit dem wachsenden Licht meines mir innewohnenden Vaters. Es gab keine weiteren Umarmungen und Streicheleinheiten und Kommentare von RAM, aber das war jetzt egal, denn er hatte in der Tat das getan, was er gesagt hatte, daß er tun würde.

Ich habe etwas Neues gekostet. In den Tagen seit Colorado gehe ich am Abend zu Bett und fühle, daß ich für mich selbst nichts als Liebe empfinde. An manchen Tagen wußte ich nicht genau, wie ich mit diesem neuen Gefühl umgehen sollte, wie mit einem Paar neuer Jeans, die noch steif sind und nicht an die Form des neuen Körpers gewöhnt.

Homosexuell? Ja, mein Körper ist es, aber ich bin das Licht des Allumfassenden aller Welten - es entwickelt sich - es sieht sich selbst zum ersten Mal leuchten. In meiner neuen Liebe zu meinem Selbst habe ich endlich die Freiheit gefunden."

Eine neue Welt

Sylvia, eine 16-jährige blauäugige Meisterin aus England, erzählte mir, daß sie, bereits ehe sie zur Schule ging, von ihrem Vater mißbraucht worden war. Ihre Mutter fand schließlich diese abstoßende Tatsache heraus und beendete das Drama mit der Scheidung.

Im Alter von zwölf Jahren besuchte Sylvia ihren Vater, der inzwischen ein äußerst erfolgreicher Geschäftsmann geworden war. Während dieses Besuches brachte ein 43-jähriger Freund ihres Vaters sie dazu, Hasch zu rauchen. Das führte bald zum Sex mit diesem Mann, und bald darauf zu Sexorgien mit mehreren Freunden ihres Vaters. Sie wurde auch dazu getrieben, sexuelle Handlungen mit einer gleichaltrigen Freundin zu vollziehen, während die Erwachsenen zuschauten.

Sylvias Mutter hegte keinen Verdacht, was hinter den Kulissen vor sich ging. Sylvia erzählte ihrer Mutter, daß der Freund ihres Vaters ihr die Gelegenheit geboten hatte, jeden Tag auf seinen Pferden zu reiten, so daß sie dort wohnen wollte. Da sie die schmutzige Wahrheit nicht kannte, erlaubte sie Sylvia zu bleiben. Sylvias sehr reicher, erwachsener Liebhaber gab ihr jeden Tag Hunderte Dollars zur freien Verfügung. Mit zwölf Jahren war ihr ganzes Leben gefangen in Sex, Drogen, Alkohol und Kaufrausch.

Bei einer der vielen Sexparties kam der Vater ihrer Freundin dazu und war außer sich. Er gab Sylvia die Schuld, daß seine Tochter in die dekadenten Sexorgien verwickelt war und veranlaßte die lokalen Gesetzeshüter dazu, hart durchzugreifen. Sylvia wurde in eine Besserungsanstalt für Mädchen gesteckt. Der plötzliche Entzug von Drogen, unbegrenzten Geldmengen zu ihrer Verfügung und wilden Partys stürzte sie in tiefe Depression mit Selbstmordgedanken. Schließlich wurde sie unter der Aufsicht ihrer Mutter aus der Besserungsanstalt entlassen.

Ihre Mutter ließ sie Tonbänder von Ramtha anhören, Videos von Ramtha anschauen und einige der Bücher lesen, die die Lehren Ramthas enthielten. Sylvia begann, RAM zu lieben, und war überglücklich, als ihre Mutter den Vorschlag machte, ihr den Besuch eines Treffens mit RAM zu ermöglichen, und zwar in einer Gruppe

Gleichaltriger, einer Gruppe Jugendlicher unter 17 Jahren. Während dieser Veranstaltung kam RAM zu ihr und sagte ihr, daß ihr Vater kein schlechter Mann sei. Er sei einfach nur unwissend und müßte sich selbst erkennen lernen. Er sagte Sylvia auch, sie würde aufwachsen und eine wunderschöne Frau werden. Er sagte ihr, sie solle die Vergangenheit völlig hinter sich zurücklassen, ihrem Vater und sich selbst vergeben. Sie müsse erkennen, daß sie geliebt werde und auch liebenswert sei.

Für Sylvia, die jetzt sechzehn ist, gibt es nun eine vollkommene, neue Welt, hell und voller Hoffnung. Ihr Herz ist erfüllt von Dank für RAM, der gekommen ist, um uns allen zu helfen, und erfüllt von der einzigartigen Hoffnung auf eine liebevolle und freudvolle Zukunft. Ihr Lächeln ist wie Sonnenschein über einst aufgewühlten Wassern. Sie weiß, ihre Zukunft ist so, wie sie entscheidet, daß sie sein wird. Sie fühlt, daß jetzt jeder Tag für sie wie eine helle neue Welt sein wird!

Niemals mehr gehen

Viele Meister haben die Erfahrung unglaublicher Heilungen an ihrem Körper nach nur einem einzigen Treffen mit RAM gemacht. Ein junger Chiropraktiker namens Joe aus Kalifornien erzählte mir mit glänzenden Augen von seiner unmöglich scheinenden Verwandlung.

Die Geschichte begann mit einem schweren Autounfall. Nicht nur sein Auto war völlig kaputt, sondern Joes Rückgrat war an fünf Stellen gebrochen. Und viele andere Knochen in seinen Armen, Beinen und im ganzen Körper waren wie Zweige abgeknickt. Er wurde ins Krankenhaus gebracht, und es schien, daß die Ärzte mit einem Sack Knochen arbeiten müßten, der von zerrissenem Fleisch lose zusammengehalten wurde. Als er im Krankenhaus wieder zu Bewußtsein kam, sagten ihm die Ärzte, daß die Hilfe für ihn fast zu spät gekommen wäre und daß er niemals mehr gehen könne.

Nach der anfänglichen Verzweiflung kam Joe zu der Überzeugung, daß die Ärzte nur über das sprechen konnten, was sie kannten. Dank RAM und dem „großartigen weißen Buch", das mit seinen Lehren gefüllt ist, wußte er es besser.

Joe sagte, er benutzte alle Manifestationstechniken, die er gelernt hatte, und nahm sein Schicksal selbst in die Hand. Als ich Joe im Frühling 1988 traf und mit ihm sprach, stand sein Körper aufrecht und gerade. Er hinkte nicht, und sein Handschlag war stark und fest, begleitet von einem fröhlichen Lächeln.

Es war offensichtlich, daß die Ärzte nur das Prinzip kannten, daß Masse mit Masse zusammenarbeitet, während Joe das Prinzip des Geistes, der mit Masse arbeitet, kannte und anwandte. Sein Körper wurde vollständig geheilt, seine chiropraktische Praxis blühte wieder, und die ganze Erde schien eine großartigere und lichtvollere Welt zu sein, nachdem ich Joe getroffen hatte, der jetzt wieder mit beeindruckender Anmut gehen kann!

Ein Kinderspiel

Russ und Maya hatten schon seit mehreren Monaten geplant, im September 1987 das Treffen in Yucca Valley zu besuchen. Da ihr Haus bereits völlig abgezahlt war, entschlossen sie sich, darauf eine kleine Anleihe zu nehmen, um die Kosten für das eine Woche dauernde Treffen zu decken. Sie brauchten $3000.

Sie beantragten die Anleihe mehr als einen Monat vor dem Treffen und waren sicher, daß das Geld rechtzeitig in ihren Händen sein würde, um ihre Tickets zu kaufen. „Wrongo in the Congo!" (Falsch gedacht!), wie RAM oft zu sagen pflegt.

Ein paar Monate vorher war Russ beim Durchblättern eines alten Büchleins mit Geschäftsadressen plötzlich eine Idee gekommen, die er dann in die Tat umgesetzt hatte. Er hatte festgestellt, daß er noch die Publikationsrechte für ein Buch besaß, das er geschrieben hatte. Es war ein Handbuch für Produktmarketing. Russ hatte sein Geschäft, das mit Gesundheitsprodukten zu tun hatte, verkauft und somit keine weitere Verwendung für die Publikationsrechte zu diesem Buch. Jahre zuvor hatte ein Geschäftsmann Hunderte dieser Bücher von Russ gekauft.

Als er jetzt über die Visitenkarte dieses Mannes „gestolpert" war, hatte Russ ihm einen Brief gesandt und angeboten, ihm die Rechte zur Veröffentlichung dieses Buches zu verkaufen. Russ überlegte sich, welcher Preis wohl angemessen wäre, und $3000 kamen ihm so in den Sinn. Daher schrieb er in seinem Brief, daß er die Rechte für sein Buch zu diesem Preis verkaufen wolle. Er legte fest, daß der Brief als bindender Vertrag dienen würde. Falls er akzeptiert würde, sollte ein Verrechnungsscheck über $3000 vor dem 21. des folgenden Monats zurückgeschickt werden.

Russ erhielt keine Antwort auf sein Angebot und dachte zwischenzeitlich überhaupt nicht mehr daran.

Nun, die Hypothekenbank zögerte die Entscheidung über die Hausanleihe hinaus, und es wurde plötzlich offensichtlich, daß das Geld nicht rechtzeitig für das Treffen in Yucca Valley verfügbar sein würde. Sowohl Russ als auch Maya fühlten einen starken „Ruf", bei diesem Treffen anwesend zu sein, die Zeit wurde allerdings allmählich knapp. Sie gerieten in Panik. Was nun?

Da ging das Telefon. Die Stimme am anderen Ende der Leitung erklärte aufgeregt, daß der Brief, den Russ vor vielen Wochen abeschickt hatte, erst am Vortag angekommen war und daß sein Angebot, die Buchrechte zu verkaufen, selbstverständlich angenommen würde. Ein Verrechnungsscheck würde am Montagmorgen in der Post sein. Russ brauchte ein paar Augenblicke, um in seinem Gedächtnis zu kramen, ehe er sich überhaupt daran erinnerte, den Brief abgeschickt zu haben.

Natürlich kam der Verrechnungsscheck an, und die Tickets für das Treffen wurden in letzter Minute gekauft. Als sie von RAM gesalbt wurden, wußten sie, warum sie ein so starkes Verlangen gehabt hatten, beim Treffen dabei zu sein. Wenn das Schicksal ruft, dann kann dem nichts im Wege stehen - die Manifestation von $3000 ist ein Kinderspiel!

Goldener Lohn

Roger erzählte mir, daß er von New Jersey nach Rochester, New York, fuhr, um einen Freund zu besuchen. Dort sah er das Hawaii-Video, und er sah RAM zum ersten Mal. Roger war fünfzehn Jahre lang ein eifriger Student der Metaphysik gewesen. Er dachte, er hätte alles schon gesehen. Aber als er RAM sah und hörte, da berührte die Botschaft seine Seele. Er wußte, daß er endlich einen Lehrmeister gefunden hatte, dem zuzuhören sich lohnte. Anstelle der Philosophie gab es hier nur ein einfaches, aber machtvolles Wissen, das er leben konnte. Roger kehrte zu seiner schlecht bezahlten Arbeit als Chauffeur zurück, allerdings mit einem neuen Klang in seinem Herzen. Er war entschlossen, sich alle Lehren RAMs anzueignen, die er nur finden konnte. Zwei Tage später ging er in einen metaphysischen Buchladen und fand und kaufte das Buch Reise in eine Neue Welt von Doug Mahr. „Das ist es", dachte er, nachdem er es gelesen hatte. Er wollte mehr, deshalb ging er wieder hin und kaufte das große weiße Ramtha-Buch. Er las es in den nächsten Tagen durch. Alles schien zu stimmen. Er fühlte sich aufgerufen, so viel Wissen von Ramtha zu erhalten, wie er nur bekommen konnte, aber wie? Er war fast völlig pleite, die Miete war fällig, und keine Einkommensquelle war in Sicht. Trotzdem drängte es ihn mit Leib und Seele danach, das nächste Intensiv-Treffen zu besuchen, das bald in Atlanta, Georgia, stattfinden sollte. Es schien unmöglich zu sein. Aber er wünschte es sich so sehr, daß er die Gewißheit hatte, irgendwie, auf irgendeine Art und Weise, würde sich für ihn eine Tür öffnen, so daß er auf seinem Weg zu RAM weiter voranschreiten konnte. Am nächsten Tag holte Roger seine Post und entdeckte darin eine goldene Kreditkarte, die auf seinen Namen ausgestellt war. Die Karte erlaubte einen Barkredit von $5000! Nach dem anfänglichen Schock und der Begeisterung ging Roger ans Telefon, machte Reservierungen für das Treffen in Atlanta und kaufte sein Flugticket nach Atlanta. Von hier übersiedelte er in den Nordwesten, wo er jetzt glücklich und zufrieden lebt. Sein Traum war wahr geworden, denn er hatte es sich so sehnsüchtig gewünscht. Er weiß jetzt, daß das äußere Gold das „Gold der Dummen" ist und daß das wirkliche Gold die innere Erkenntnis ist, die ewig währt.

Licht-Botschaften

Viele hörten RAM bereits sagen, während er über seine Zuhörerschaft blickte: „Die Lichter kommen näher." Tanyas Geschichte verleiht diesen Worten eine neue Bedeutung.

Tanya und ihr Vater fuhren von Kalifornien nach Washington. Da sie zu zweit fuhren, konnten sie sich am Steuer abwechseln und ohne Unterbrechung die ganze Nacht durchfahren.

Tanya war erst kürzlich bei einem Treffen mit RAM gewesen, wo er versprochen hatte, jedem der Anwesenden irgendwelche ungewöhnlichen Lichter zu schicken, um ihr Leben zu erhellen. Sie erzählte, daß sie und ihr Vater bald nach Beginn der Fahrt ein großes rundes Licht am Himmel sahen. Es blieb fast eine Stunde lang in ihrer Nähe und genau über ihnen, während sie immer weiterfuhren.

Später am gleichen Abend blickte Tanya aus ihrem Lastwagen heraus und sah Hunderte von bunten Lichtern, die pink, blau und weiß direkt vor den Fenstern flimmerten. Ihr Vater konnte sie nicht sehen, so sehr er sich auch bemühte. Schließlich war das Lichtspiel zu Ende.

Nach ein paar ereignislosen Fahrtstunden tauchte eine neue Erscheinung auf. Dieses Mal konnte ihr Vater sie auch sehen. Das Deckenlicht, das in den vergangenen Jahren niemals funktioniert hatte, ging plötzlich an. Egal wie oft sie den Knopf von „an" auf „aus" schalteten oder was sie auch versuchten, Tanya und ihr Vater konnten das Lämpchen ganz einfach nicht ausschalten. Schließlich gaben sie auf und ließen es brennen.

Als der Tag anbrach, ging das Licht so plötzlich und von Zauberhand aus, wie es angegangen war. Es hat danach nie wieder funktioniert, das Licht einzuschalten. Als sie in Washington ankamen, wußte Tanya, daß sie sicherlich mehr als ihren Teil an lichtvollen „Botschaften" erhalten hatte. Sie sagte, das einzige Licht, das sie jetzt noch anschalten wolle, sei das große Licht in ihrem Inneren!

Freiraum

Die elektro-chemische Natur des Körpers hat offensichtlich die Fähigkeit, seine eigenen anziehenden oder abstoßenden Felder zu erzeugen. Die ausströmende Energie auf dem Treffen mit RAM 1988 in Snow Mountain, Colorado, war so intensiv, daß sich an den Teilnehmern viele Wunder ereigneten. Hier sind zwei davon.

Nach einem besonders erhebenden Treffen mit RAM erzählte mir eine Meisterin, daß sie in die bewaldete Bergwelt hinausgegangen war. Wie RAM angekündigt hatte, fand sie einen schönen, ruhigen Platz, um sich auszuruhen und zu überdenken, was sie an diesem Tag gelernt hatte.

An einem sonnigen Hang, von dem aus man das Tal überblicken konnte, in dem die Sonne im ruhig dahinfließenden Strom glitzerte, legte sie ihr Handtuch auf eine sanfte Erhebung neben einem Baum. Sie legte sich nieder und dachte nach, ergötzte sich an der Schönheit der Landschaft und des weiten Himmels über ihr. Allmählich spürte sie, wie sich ihr Körper immer mehr entspannte, und sie fiel in einen tiefen, friedvollen Schlummer.

Ein paar Stunden später wachte sie auf und spürte, daß es Zeit sein mußte, für das Abendessen in die Cafeteria zurückzukehren. Sie setzte sich auf, stand auf und streckte sich genüßlich. Als sie sich bückte und ihr Handtuch aufhob, war sie entsetzt, als sie viele hundert Ameisen auf der Unterseite ihres Handtuchs herumlaufen sah! Sie sah sich um und entdeckte, daß sie auf einem riesigen, jetzt sehr belebten Ameisenhügel geschlafen hatte, doch nicht eine einzige Ameise war auf ihren Körper und auch nicht auf ihre Kleidung gekrabbelt!

Was diese Geschichte noch erstaunlicher macht, ist die Tatsache, daß ich an diesem gleichen Tag mit einer Freundin ebenfalls auf einen Spaziergang in die Berge gegangen war. Unterwegs aß ich einen Pfirsich, den ich während des Mittagessens in meine Tasche gesteckt hatte. Nachdem ich das meiste vom Pfirsich gegessen hatte, kam mir plötzlich die Idee, einen Ameisenhügel zu suchen und den Pfirsichkern und das übrige Fruchtfleisch oben auf einen Ameisenhügel zu

legen. Ich bat meine Freundin, nach einem großen Ameisenhügel
Ausschau zu halten.

Wir wandten die Manifestationstechnik an, die RAM uns gelehrt
hatte, und binnen weniger Minuten trafen wir direkt auf einen großen
Ameisenhügel. Ich legte den Pfirsichkern oben auf diesen belebten
Hügel und setzte mich in die Nähe, um zu beobachten. Ich schaute
wie ein aufgeregter kleiner Junge zu, wie die Ameisen das schmack-
hafte Stück entdeckten und begannen, in hektischer Freude auszu-
schwärmen.

Meine Freundin schien dieser Betrachtung schneller müde zu werden
als ich und beschloß, sich auf einen Holzklotz in der Nähe hinzulegen
und auszuruhen. Sie machte es sich gemütlich, schloß ihre Augen und
versank in das freudvolle Schweigen ihres eigenen Wesens. Als ich
weitere zehn oder fünfzehn Minuten interessiert die Ameisen beobachtet hatte, entschied ich, daß es Zeit war, den Berg wieder hinun-
terzugehen und zum Haus zurückzukehren, wo die Gruppe sich aufhielt.

Als ich mich umdrehte, um meine Freundin zu wecken, war ich erstaunt zu sehen, wie unzählige Ameisen auf dem Holzstück herum-
schwärmten, auf dem sie lag. Ich weckte sie und sagte ihr, daß überall
um sie herum Ameisen wären. Sie setzte sich langsam auf und
schaute sich um. Zu unserer Überraschung befand sich keine einzige
Ameise an ihrem Körper oder in ihrer Kleidung, obwohl das Holz
buchstäblich mit fleißigen kleinen Ameisen bedeckt war.

Als diese andere Meisterin mir von ihrer Erfahrung mit dem Ameisenhügel erzählte, wußte ich, daß wir beide das Privileg erhalten hatten, ein kleines Wunder erleben zu dürfen.

Deine Kinder sind beschützt

Während des Intensiv-Treffens 1986 in Tampa wurde die Frage an RAM gestellt, was mit den Kindern passieren wird, die zurückgelassen werden müssen, wenn Meister in eine andere Stadt umziehen. Ramtha strahlte und sagte, daß um die Kinder ein Schutzschild errichtet werde und daß Mütter ihre Zeit nicht mit unnötigen Sorgen vergeuden müßten. Dusty, die Mutter, die mir diese Geschichte erzählte, sagte natürlich, daß diese Aussage von RAM für sie ein großer seelischer Trost war, genauso wie für die anderen Mütter, mit denen sie während dieses Treffens sprach. Dusty sagte, daß sie daraufhin ruhig und zufrieden ihren Umzug in den Nordwesten abwickeln konnte, denn sie wußte, daß ihre erwachsenen Kinder in guten Händen waren. Der Beweis für Ramthas Versprechen traf tatsächlich ein, als am 28. Februar des darauffolgenden Jahres ein zerstörerischer Tornado vom Himmel herabkam und die Stadt, in der ihr ältester Sohn lebte, dem Erdboden gleichmachte. Dieser Tornado war der schlimmste jemals erlebte Tornado, über zwei Meilen breit und 40 Meilen lang. Der Pfad der Verwüstung ging in nur 100 Yards Entfernung vom Haus ihres Sohnes vorüber. Der Tornado entwurzelte riesige Bäume und zerstörte das Schulhaus der Stadt völlig. Es war Samstag, so daß keine Schule war, und ihr Enkel und die anderen Kinder blieben verschont. Dusty sagte, daß ihr Enkel bei seiner anderen Großmutter zu Besuch war, anstatt wie sonst immer im Hof des Nachbarn zu spielen. Beim Nachbarn wurde alles dem Erdboden gleichgemacht! Im Mai 1987 sagte Dusty bei einem Treffen mit RAM, daß sie RAM persönlich dafür danke, daß er ihre Familie während des Tornados beschützt hatte. RAM antwortete, daß sie auch dankbar sein sollte, weil sie sowohl die Augen hatte, ein Wunder zu sehen, als auch die Weisheit, es zu verstehen. Er sagte: „Wunder - es gibt sie. Auch du wirst sie eines Tages wirken können!" Welch wunderbare Prophezeihung!! Dusty fügte auch noch hinzu, daß sich bei einer anderen Gelegenheit ihr jüngster Sohn den Fuß brach, was ihn davor bewahrte, in den Golfkrieg gesandt zu werden. Sie lächelte gewinnend, als sie sagte, ich müßte selbst Mutter sein, um zu verstehen, wie erleichtert sie ist, daß sie ihre Kinder unter göttlichem Schutz geborgen weiß.

Jetzt bin auch ich sehend

Meine Freundin Del ist nicht nur fähig, Auras zu sehen, sondern sie erzählte mir, daß sie eines Tages eine höchst wundervolle Lichterscheinung zusammen mit ihrer Schwester beobachtet hatte, als die Sonne blau geworden war. Während der Monate, die wir zusammenlebten, strengte ich oft meine Augen an, um eine Aura zu sehen. Manchmal bildete ich mir ein, ich hätte rund um den Kopf von irgendjemandem ein Licht scheinen sehen. Es geschah jedoch einfach nicht so, wie ich es gerne wollte. Ich konnte nicht klar sehen.

Als ich mit meiner „sehenden" Freundin nach Snow Mountain in Colorado fuhr, änderte sich alles. Wir hatten am späten Nachmittag des zweiten Tages eine Pause gemacht, um uns von unserem langanhaltenden Fahrpensum zu erholen. Als wir wieder ins Auto stiegen, sagte ich, daß ich das Gefühl hätte, daß wir an diesem Abend einen höchst ungewöhnlichen Sonnenuntergang erleben würden.

Ich blickte auf die Sonne, die schon tief am Himmel stand, und machte Del aufmerksam, daß ich die Sonne niemals so schneeweiß leuchtend gesehen hätte. Es erinnerte mich, so sagte ich, an das weiße Strahlen des Lichtes, das während meiner Erfahrung des klinischen Todes im Alter von 17 Jahren so betäubend weiß gewesen war. Del stimmte mir zu, daß die Sonne weißer und heller schien, als auch sie sie je zuvor gesehen hatte. Sie blickte sie weiterhin an.

Ein paar Augenblicke später rief sie, daß die Sonne blau geworden war, daß sie direkt in die Sonne hineinblicken könne und sie eine tiefblaue Farbe hätte. Ich schaute zu ihr hinüber und sah, wie die Sonne über ihr Gesicht strömte, während sie direkt in die Sonne blickte. Ich war erstaunt, daß sie das tun konnte. Sie sagte mir, daß sie das Gefühl hätte, ich könnte auch in der Lage sein, die blaue Sonne zu sehen, wenn ich nur das Auto anhielte und auch direkt in die Sonne blickte. Ein paar Augenblicke lang kämpfte ich gegen diese Idee an.

Schließlich kam ich zu dem Entschluß, daß meine Haltung geändert werden müsse, daß ich es niemals wissen würde, wenn ich es nicht versuchte. Deshalb hielt ich am Straßenrand an. Del sprang sofort aus dem Auto und blickte im Stehen in die Sonne. Sie äußerte sich über die schöne blaue Farbe. Sie drängte mich, auch hinzuschauen. Ich sträubte mich, denn die Sonne schien so ehrfurchtgebietend hell zu sein. Dann sagte eine Stimme in mir: „Wo ist dein Mut? Tu es!" Ich drehte mich um und blickte direkt in das leuchtende, runde, weiße Feuer.

Zu meiner ekstatischen Verwunderung und Freude verschwand die Helligkeit völlig, und ich starrte in einen riesigen, runden, tiefblauen Kreis mit einem dünnen, silbernen, elektrisierenden Ring außenherum. Ich rief Del zu, daß ich auch eine blaue Sonne sehen könne. Taumelnd vor Freude beobachteten wir, wie eine rosa Färbung anfing, die Leere rund um die blaue Sonne zu füllen, der bald eine helle, goldglänzende Färbung folgte. Wir verglichen aufgeregt unsere Beobachtungen über die sich verändernden Farben, die die blaue Sonne umgaben.

Als wir wieder im Auto saßen, begann die goldene Farbe ins Innere des Autos zu strömen. Wenn wir auf die Straße vor uns blickten, dann sah es aus, als hätte jemand Hunderte von Eimern mit glitzerndem Goldstaub genommen und auf die Straße gestreut, die sich vor uns bis in himmlische Weiten erstreckte. Es war viel schöner, als Worte es beschreiben können.

Nach ein paar weiteren Minuten war das spektakuläre Lichterlebnis zu Ende. Wir fuhren jubelnd weiter und warfen noch häufig einen Blick zurück auf die jetzt untergehende Sonne, die den Himmel mit ganz außerordentlichem Glanz erfüllte. An diesem Abend sah ich zu meiner Freude außerdem auch ganz deutlich die Aura, die Del umgab, und von diesem Tag an konnte ich Auras einfach durch die Scharfstellung meiner Augen und meinen klaren Blick erkennen. Ich danke meinem Gott, daß jetzt auch ich sehend bin!

Wellen der Furcht

RAM hat uns schon oft gesagt, daß wir, wenn wir dem Gespenst der Angst die Maske herunterreißen würden, feststellen könnten, daß es kein Angesicht hat. Es ist nichts vorhanden, nur die furchtsame Haltung des Betrachters. Er erwähnte im Mai 1988 in Snow Mountain, Colorado, auch, daß es keine zufälligen Träume gibt. Wir alle verwenden unsere Träume als einen sicheren Weg, um unsere Ängste und anderen Erfahrungen zu überwinden, denen wir in der dreidimensionalen Realität noch nicht entgegentreten können.

Wendy erzählte mir den folgenden bedeutungsvollen Traum. In ihrem Traum befand sie sich in einer großen Scheune. Sie stand im Dunklen und hatte große Angst. Zu ihrer Rechten saßen zwei Gestalten im Dunklen. Durch eine Tür zu ihrer Linken strömte helles Licht herein. Plötzlich fühlte sie, wie sich die Intensität ihrer Furcht verstärkte, und sie immer wieder nach vorne stürzte. Plötzlich überkam sie ein Gefühl der Erleichterung, und sie sprach laut: „Gott, der Herr meines Lebens, ich will wissen, wovor ich Angst habe!" Sie fühlte, daß es ein grundlegender Augenblick war. Sie empfand Furcht, sie war jedoch tapfer genug, nach dem Warum zu fragen. Ganz plötzlich fühlte sie, daß sie wieder zu Hause in ihrem Bett war. Sie schlief noch, aber jetzt erlebte sie eine Welle der Furcht nach der anderen, die ihren Körper auf allen Ebenen quälten. Dann fühlte sie, wie die Furcht sie verließ, als wäre sie ausgetrieben worden. Als sie zur Ruhe kam, sagte eine Stimme: „Es ist getan". In diesem Augenblick spürte sie eine sanfte Brise durchs Haus streichen und glaubte ganz sicher, daß irgendein Fenster weit offen stand. Die Liebkosung des Windes auf ihrer Wange war die lieblichste Liebkosung, die sie je verspürt hatte. Sie wußte, daß es RAM war. Wendy wachte wieder zu vollem Bewußtsein auf. Vor sich sah sie die vollständige Form eines riesigen Dreiecks. Die vier unteren Ebenen waren mit Licht erfüllt, die verbleibenden drei oberen Ebenen waren leer - das Unbekannte, das gefüllt werden mußte. Schweigend lag sie da und war erfüllt von einem Gefühl des Friedens und einer Gewißheit des „Ich bin", das mit Worten nicht zu beschreiben ist. Sie wußte, sie würde niemals wieder Furcht vor Unbekanntem oder Unsichtbarem empfinden.

Ein brennendes Verlangen

Von Zeit zu Zeit macht RAM die Aussage, daß er nicht hinter irgendwelchen Dingen zu finden ist, die plötzlich funktionieren. In der Regel ist er gegen Rituale wie die Verwendung von Kristallen, Astrologie, Amuletten oder anderen Hilfsmitteln zum Erreichen von Macht über sich selbst. Jedoch ist eine Regel einfach nur deshalb eine Regel, weil es Ausnahmen gibt. Die folgende Geschichte, die mir von Richard aus Tacoma, Washington, erzählt wurde, ist sicherlich eine dieser wundervollen Ausnahmen zur Regel.

Richard erzählte mir, daß er an einem extremen Tiefpunkt seines Lebens angelangt war. Er hatte kein Geld mehr und hatte keine Arbeit. Verzweifelt durchkämmte er die Stadt nach irgendeiner Arbeit und war bereit, fast alles zu akzeptieren, nur um ein paar Dollar zu verdienen. Obwohl er mehrere Tage lang hin und her fuhr, fand er nichts, was ihm einen sofortigen Arbeitsantritt in Aussicht stellte.

Frustriert und erschöpft setzte er sich hin und überdachte sein Dilemma - er war völlig pleite, kein Job war in Sicht - was sollte er tun? Bei dieser Frage kam ihm plötzlich etwas in Erinnerung.

Er erinnerte sich, daß RAM einmal in einer persönlichen Beratung einem Feund gesagt hatte, daß er, wenn er etwas wirklich mit brennendem Verlangen wünschte, dies auf ein weißes Blatt Papier niederschreiben, den Namen von RAM als Zeugen aufs Papier setzen und dann seinen eigenen Namen darunterschreiben sollte. Dann müsse er dieses Blatt verbrennen. Wenn das Verlangen wirklich stark genug war, dann würde es bald nach dem Verbrennen der niedergeschriebenen „Beschwörung" Realität werden.

Ohne Zögern griff Richard zu einem großen, sauberen Blatt Papier und einem Stift und schrieb: „Gott und Herr meines Lebens, mir innewohnender Vater, ich möchte eine Arbeit, die mir Freude bereitet - jetzt sofort. So soll es sein!"

Richard erzählte, daß er, als er hastig die Worte hinkritzelte, eine wahrhaft drängende Gewißheit verspürte, daß sein Wunsch bald Realität werden würde. Er nahm eine Schachtel Streichhölzer, legte das Papier oben auf den Holzofen und zündete es an. Er sah zu, wie das Papier Feuer fing, schneller und immer schneller brannte und schließlich zu Asche zerfiel.

„So soll es sein", sprach er aus und wußte, daß sein Verlangen auf dem Weg zur greifbaren Manifestation war.

Weniger als zehn Minuten später klingelte das Telefon. Richard bekam einen Job angeboten, den er am nächsten Tag antreten sollte, und zwar gegenüber seiner Wohnung auf der anderen Straßenseite. Er nahm den Job an, und er gefiel ihm sehr. Dieses Handwerk übt er heute noch als Hobby aus. Richard hat sein brennendes Verlangen verwirklicht.

Ein doppelter Regenbogen

Dies ist eine wundervolle Geschichte, die mir von John, einem befreundeten Geschäftsmann, erzählt wurde. Vor Jahren gewährte RAM gewissen Meistern, die darum baten, persönliche Beratungsstunden. Während solch einer Beratung wurde John gesagt, daß sein Wunsch, ein erfolgreiches Geschäft zu besitzen, bald in Erfüllung gehen werde. Ramtha sagte, wenn er an dem Tag, an dem er das Geschäft kaufte, in den Himmel blickte, dann würde er einen Regenbogen sehen, wie er noch nie einen gesehen hätte. Der Regenbogen sollte für ihn das Zeichen sein, daß die Voraussage wahr geworden war.

Im Laufe der folgenden Monate hörte John von einem zum Verkauf stehenden Geschäft, das einige tausend Verteilerstellen der produzierten und vermarkteten Produkte einschloß. Der Preis war akzeptabel, und es handelte sich genau um die Art Geschäft, die John und sein Partner wollten. Sie handelten schnell, und ein paar Wochen später wurde der Scheck, mit dem das Geschäft gekauft wurde, dem Verkäufer übergeben.

John fuhr mit dem Verkäufer zur Bank, um sicherzustellen, daß der große Scheck ohne Schwierigkeiten eingelöst wurde. Das Geld wechselte den Besitzer, und die beiden Männer schüttelten sich die Hand aufgrund ihrer beidseitigen zufriedenstellenden Übereinkunft. Sie stiegen wieder ins Auto und machten sich auf den Weg zurück ins Büro.

Gerade da schaute John plötzlich hoch und begann vor Freude zu lachen, während er aufgeregt zum Himmel zeigte. Dort war in den prächtigsten Farben, die man sich nur vorstellen kann, von leuchtendem Rot bis hin zu sattem Violett, nicht nur ein Regenbogen zu sehen, sondern es waren zwei vollständige Regenbögen, die sich herrlich über den Himmel spannten. Die Voraussage war in der Tat wahr geworden!

Geld auf der Bank

Dies ist eine RAM-Geschichte von einem mir gut bekannten Geschäftsmann. Es scheint, daß es wirklich keine Zufälle gibt - es ist der gleiche Mann, der John das Geschäft verkaufte.

Die Geschichte geht in die Zeit zurück, als das Geschäft ums Überleben kämpfte. Es war an einem kritischen Punkt angelangt. Es stand kein Geld mehr zur Verfügung, um das Geschäft zu erweitern. Eine Zählung zeigte, daß es nur etwa dreißig aktive Produktverteiler gab, und die monatlichen Ausgaben überstiegen die Einnahmen.

Weitermachen oder aufgeben? Der fragliche Geschäftsmann wollte nicht aufgeben. Er war erst kürzlich mit RAM bekannt gemacht worden und sah sich jedes Video an und hörte jedes Tonband an, das er bekommen konnte. Er wußte, daß RAM weitermachen würde, also entschloß er sich, das gleiche zu tun.

Ein paar Tage nach seiner wichtigen Entscheidung erhielt der Mann einen Brief von seiner Bank, in dem es hieß, daß viertausend Dollar auf sein Konto überwiesen worden waren. Erstaunt fragte er nach, wer ihm das Geld gesandt hatte. Der Angestellte auf der Bank sagte, daß es aus dem Ausland käme, von jemandem mit einem unaussprechlichen ausländischen Namen, aber es war eindeutig eine gültige Banküberweisung über viertausend Dollar zugunsten seines Kontos.

Noch immer verwundert wurde ihm klar, daß das Geld die Antwort auf seine Gebete war. Mit Dankbarkeit verwendete er das Geld, um sein Geschäft zu erweitern. Sein Geschäft wuchs binnen nur zwei Jahren zu einem Umfang, der mehrere tausend aktive Produktverteiler umfaßte.

Ein paar Wochen nach dem seltsamen Bankvorgang wurde das Geheimnis gelüftet. Der Geschäftsmann hatte einen sehr lebhaften Traum und erwachte mit der äußerst klaren Erinnerung an das märchenhafte Ende des Traums. In diesem Traum lachte RAM vor überschwenglicher Freude und sagte: „Viertausend Dollar - ha, ha, ha, ha!!"

Von den Pleiaden?

Lassen wir Donna diese Geschichte selbst erzählen:

„Als ich sieben war, wurde ich von drei Raumschiffen geweckt, die vor meinem Fenster eine Show abzogen. Sie sausten im Zickzack hin und her und verschwanden und tauchten wieder auf. Sie machten eine Minute lang - so schien es - einen rechten Spektakel, doch dann stellte es sich heraus, daß es fünfzehn Minuten gedauert hatte! Am nächsten Morgen dachte ich, ich hätte alles nur geträumt, bis ich in die Schule kam und feststellte, daß es in der Zeitung stand.

Während der nächsten sieben Jahre ging ich jeden Abend nach der Tanzstunde sechs Hausecken weit nach Hause. Immer sprach ich mit einem Stern. In Wirklichkeit war es meine 'einzige wahre Liebe', mit dem ich immer sprach, aber er lebte auf diesem Stern. (Nein, ich habe nicht Star Trek angeschaut.) Ich stellte mir immer vor, daß er sich an jeder Ecke unter der Straßenlampe materialisieren würde, und wir würden uns umarmen. Das waren sechs Straßenlampen an fünf Abenden pro Woche und sieben Jahre lang!

Als ich fünfzehn war, bekam ich irgendein altes metaphysisches Buch in die Hände, in dem stand, daß der 25. Juli das Datum war, an dem wir psychisch am besten mit den Außerirdischen in Gleichklang gelangen könnten. (?!) Es ergab sich, daß ich mich an diesem Abend um eine Freundin kümmerte und deshalb im Gästezimmer war, das große Glasfenster besaß, die auf einen großen alten Baum im Hinterhof hinausblickten. Ich beschloß, daß ich einen Versuch machen wollte. Daher betete ich vor dem Zubettgehen ganz intensiv um ein Zusammentreffen mit dieser Person, wer immer er auch war. Meine einzige wahre Liebe. Mein Seelenverwandter?

Mitten in der Nacht wachte ich auf, öffnete meine Augen und schaute hinaus. Ich sah etwas unter dem Baum. Es war ein eiförmiges weißes Licht. In diesem Licht begannen kleine blaue Glitzer aufzutauchen. Sie wurden immer deutlicher sichtbar, bis ich sehen konnte, daß sich ein Mann materialisierte!

Es geschah alles sehr schnell. Ich geriet in Panik und warf mir die Bettdecke über den Kopf. Ich war gelähmt vor Furcht. Ich sagte: 'Es tut mir so leid! Es tut mir so leid! Ich bin einfach noch nicht bereit dafür!' Ich erlebte ein eindeutiges Gefühl der Ruhe und hörte die Worte: 'Es ist in Ordnung, wann immer du bereit bist.'

Nun, letztes Jahr holte ich einmal meinen Freund Tony ab und nahm ihn mit zu einem Frage-und-Antwort-Intensivtreffen mit RAM. Aus dem Blauen heraus fragte er mich, ob ich jemals ein Klingen in meinem Ohr gehört hatte. Ich sagte: 'Klar, du sagst ABCDEFG... und wirst verrückt, denn das Klingen hört bei allen möglichen Buchstaben auf, nur nicht bei dem, den du willst, denn das ist der deines Liebsten, denn es bedeutet, daß er an dich denkt.' (?!) Er lachte.

Nun, Ramtha hatte ihm erzählt, daß es sich um einen Kontaktversuch eines Bruders aus dem All handelt. Wenn er den Kontakt befürwortet, dann würde das Klingen bald langsamer werden und er würde verstehen, was ihm gesagt wird. Das hatte ich noch niemals zuvor gehört.

Beim Intensivtreffen hatte ich drei Fragen, und eine davon ging um diese Erfahrungen, die ich gemacht hatte. Obwohl ich die Fragen nicht laut äußerte, wurden alle meine Fragen beantwortet. Ein kleiner Junge fragte nach UFOs, und Ramtha fragte, ob er von den Pleiaden gehört hatte. Er sagte nein, und Ramtha sagte, daß er ihm einige Informationen zukommen lassen würde. Ich wurde buchstäblich elektrifiziert. Ich besaß jede Menge Informationen über die Pleiaden (wie ich dazu kam, ist eine ganz andere Geschichte).

Nach dem Intensivtreffen ging ich zu dem kleinen Jungen hinüber und sagte ihm, daß er gern die Bücher und Videos sehen dürfte, die ich hatte, und während wir so sprachen, hörte ich ein derartig lautes Klingen im Ohr, daß ich nicht einmal mehr den Lärm im Saal hören konnte! Ich vertraute Tony an, daß ich darüber ein bißchen beunruhigt war.

Später in dieser Woche wurde ich in zwei verschiedenen Nächten aufgeweckt. Ich wußte, wenn ich jetzt hinausginge, dann würde ich jemanden treffen. Beim ersten Mal ging ich bis in die Eingangshalle und wurde dann von der unglaublichsten, lähmenden Furcht gepackt! Du weißt schon, die Variante mit der totalen Erstarrung. Beim zweiten Mal schaffte ich es nicht einmal, aus dem Bett zu steigen!

Da gibt es etwas, was ich ersehne, aber immer noch fürchte. Daran muß ich noch arbeiten."

Zweifache Manifestation

RAM betont in seinen Belehrungen immer wieder die Wichtigkeit zu lernen, wie wir das, was wir wünschen, manifestieren können. Bei dieser Gelegenheit ließ RAM zwei Wunder gleichzeitig geschehen, eines für mich und eines für eine andere geliebte Meisterin.

Ich folgte seinem weisen Rat und manifestierte das „Gold", das ich brauchte, um an beiden Intensivtreffen zum Thema 'Macht der Manifestation', die 1986 in Seattle abgehalten wurden, teilnehmen zu können. Diese zweifache Manifestation geschah während des Intensivtreffens am zweiten Wochenende. Eine Zuhörerschaft von fast tausend Meistern drängte in den Saal. Es war kurz vor dem Beginn einer Nachmittagssitzung.

Wir hatten uns alle bequem auf dem Boden niedergelassen, den RAM den „Gemeinschaftsplatz" nennt. Ich saß ziemlich weit hinten in der Menge, in der Nähe des zentralen Eingangs. Die meisten Leuten hatten sich jetzt auf dem Boden niedergelassen und warteten sehnsüchtig darauf, daß die Sitzung beginnen sollte. Ein paar Nachzügler kamen noch herein. Wie immer saß RAM in königlicher Haltung auf der Bühne und wartete geduldig auf den „richtigen" Augenblick für den Anfang.

Ich war glücklich. Die Sitzungen am ersten Wochenende waren wirklich mächtig gewesen, aber das Intensivtreffen an diesem zweiten Wochenende war ein noch größerer Knüller. Ich saß aufgeregt da und blickte hinauf zur Bühne zu RAM, erfüllt mit Ehrfurcht, Verwunderung und Dankbarkeit.

„Welch großer Lehrer", dachte ich. „Aber wäre es nicht herrlich, wenn du für uns heute eine wunderbare Manifestation vollbringen könntest?" RAM blickte mir in die Augen und fixierte seinen Blick auf mich. Ich überlegte weiter: „Sai Baba und andere Lehrer des Fernen Ostens vollbringen oft kleine Wunder für ihre Anhänger." Ich fügte hastig hinzu: „Natürlich sind wir ganz sicher keine Anhänger von dir, denn deine ganze Lehre ist darauf ausgerichtet, jeden von uns selbständig zu machen, von niemandem abhängig außer der Göttlichkeit in uns selbst". „Jedoch", so überlegte ich, als RAM weiter zu mir blickte, „wäre es wirklich eine tolle Sache für uns, wenn wir sehen könnten, wie du irgendeine Art der greifbaren Manifestation für uns vollbringst. Keine großartige Sache, aber jeder wäre glücklich darüber."

Ich wurde aus meinen Träumereien gerissen, als RAM plötzlich aufsprang. Die Menge wurde still. RAM rief sein „Indeed" (in der Tat) in die verschiedenen Ecken des Saales und blickte für einen Augenblick über die Menge der Zuhörer. Dann sprang er leichtfüßig von der Bühne. Ich beobachtete, wie er seinen Weg machte bis ganz hinten in die Zuhörerschaft. Plötzlich steuerte er fast direkt auf mich zu. Dann ging er etwa zehn Fuß zur Seite, für mich gut sichtbar, so daß ich alles deutlich sehen konnte. Er kniete sich vor einer jungen, dunkelhaarigen Frau nieder. Sofort begann er, seine Hände heftig aneinander zu reiben, gleichzeitig blies er auf seine Hände mit dem Brausen eines heftigen Sturms! Siehe da! Dort in der atemlosen Stille, die folgte, lag eine einzelne, weiße Perle in der offenen Handfläche der rechten Hand von RAM, die er jetzt der jungen Frau hinstreckte. Sie griff danach und kreischte und weinte fast hysterisch. Ramtha beruhigte sie, murmelte ein paar leise Worte, die nur für ihre Ohren bestimmt waren, dann drehte er sich schnell um und kam zu mir herüber. Ich saß auf dem Boden und schaute mit großen Augen zu ihm auf. Mein Herz schlug wild. Er legte seine Hände sanft auf meinen Kopf und schaute tief in meine Augen. Durch sein Lächeln wurden die Himmel erleuchtet. „Danke, danke, Bruder", stammelte ich mit stockendem Atem, und die Tränen stiegen in meine Augen.

„In der Tat", sagte RAM mit einem Zwinkern und begab sich auf seinen Weg zu einem anderen Teil der Versammlung.

Später beim Essen sprach ich mit der dunkelhaarigen Frau und schaute lange, genau und anerkennend auf die leuchtend weiße Perle, die RAM so großzügig für sie manifestiert hatte. Sie erzählte mir aufgeregt, daß RAM ihr auf einem Intensivtreffen vor einigen Monaten gesagt hatte, daß sie aufhören müsse, Dinge als Probleme anzusehen. Stattdessen müsse sie diese in Perlen der Weisheit verwandeln. Ramtha versprach, er würde noch einmal zu ihr kommen, wenn sie das geschafft hatte. Offensichtlich hatte sie es geschafft. Die süße Erinnerung dieser zweifachen Manifestation ist für immer unauslöschlich in meinem Gedächtnis verankert.

Das Huhn Lazarus

Vor zweitausend Jahren holte Yeshua Ben Joseph (Jesus) Lazarus von den Toten zurück. Das gleiche Wunder wurde von einem Meister aus Yelm, Washington, namens Perry vollbracht. Mit dem einzigen Unterschied, daß der tote Körper, den Perry wiedererweckte, einem Huhn gehörte! Dieses Ereignis wurde von einer Reihe von anderen Meistern miterlebt.

Im tiefsten Winter war ein Huhn von seiner Stange gefallen und lag erfroren auf dem Boden. Sein Körper war steif, und es gab kein Lebenszeichen mehr von sich. Perry hob das erfrorene Huhn auf und legte es auf ein Tuch. Obwohl es allem Anschein nach tot war, entschloß er sich zu versuchen, ob er das Huhn durch die Heilungstechniken, die er von RAM gelernt hatte, nicht wieder zum Leben erwecken könnte.

Er formte mit seinen Händen eine Triadenform und konzentrierte durch sie die heilenden Energien. Allmählich wurden seine Hände sehr warm, dann sogar heiß. Er hielt sie dem steifen Huhn an den Körper. Innerhalb von ein paar Minuten begann das Huhn wärmer zu werden. Es zeigte eine schwache Bewegung. Dann bewegte es sich ein bißchen mehr.

Perry fühlte große Aufregung über einen derartigen sofortigen Erfolg, und er dankte dem Gott in seinem Inneren. Er fuhr fort, das Huhn sorgsam mit seinen heilenden Händen zu streicheln. Ein paar Minuten später konnte das Huhn selbst stehen. Es lebte, sah aber noch ziemlich schwach aus.

Perry fütterte das Huhn schnell und gab ihm Wasser. Er beobachtete zusammen mit den anderen Meistern, die das Ereignis miterlebt hatten, wie das Huhn allmählich kräftiger wurde. Bald hatte es genug Kräfte wiedergewonnen, um zu den anderen Hühnern zurückgebracht zu werden. Alle spendeten Beifall.

Um diese Geschichte noch erstaunlicher zu machen, muß erzählt werden, daß ein paar Wochen später ein anderes Huhn erfroren und leblos auf dem Boden lag. Perry und sein Freund Dave arbeiteten diesmal zusammen, beriefen ihre heilenden Kräfte in ihre Hände und belebten auch dieses Huhn wieder. Natürlich waren sie über ihren Erfolg überglücklich.

Die Zeit schien stillzustehen, als sie mir mit Begeisterung und Freude erzählten, welch aufregende Erfahrung es für sie war, das Wunder zu sehen, empfängliche und verantwortliche Werkzeuge für den innewohnenden Vater zu sein, der das Huhn vor ihren Augen wieder ins Leben zurückkehren ließ. Heute ist es ein Huhn, vielleicht ist es morgen ein Mensch?!

Auch für mich eine Katze!

Eine Künstlerin erzählte mir die beiden folgenden Geschichten. Sie erklärte, daß eine ihrer Freundinnen Anfang bis Mitte der 80er Jahre Treffen mit RAM besucht hatte. Bei einem dieser Treffen sagte er ihr, daß bald ein kleines Kätzchen in ihr Leben treten und daß es direkt aus einem Abfallhaufen herauskommen werde. Es werde morgens sein, wenn das Kätzchen auftaucht, deshalb schlug er vor, sie solle das Kätzchen Morning (Morgen) nennen.

Ein paar Monate später spazierte in einem „heruntergekom-meneren" Viertel von Manhattan ein wunderschönes siamesisches Kätzchen aus einem Haufen Abfall und kam direkt zu ihr. Es war weit und breit kein Besitzer zu sehen. Das Kätzchen war offensichtlich ein Streuner. Sie nahm das Kätzchen zu sich und nannte es Morning, genau wie RAM vorgeschlagen hatte.

Nach einer gewissen Zeit erwartete Morning Nachwuchs. Die Künstlerin gab über Telefon ihrer Freundin Anweisungen, wie sie helfen könnte, die Jungen zur Welt zu bringen. Der Gang der Ereignisse führte dazu, daß eines der neugeborenen Kätzchen Aufnahme im Haus der Künstlerin fand. Sie liebte es sehr und nannte es Radar. Aber Radar war ein unternehmungslustiges Kätzchen. Es ging eines Tages verloren und kehrte nie mehr zurück.

Diese Künstlerin erzählte nun einem ihrer Freunde, daß sie von Katzen genug hatte - sie würde niemals ein anderes Kätzchen akzeptieren, es sei denn, es liefe genau auf sie zu, sähe genauso aus wie Radar und würde kein bißchen mehr wachsen!

Ein paar Monate vergingen. Eines Tages, als sie auf dem Nachhauseweg war, sah sie diese winzige Katze, die miauend auf sie zukam. Sie sah genauso aus wie Radar. Sie lief zum Kätzchen hin. Zu ihrer Überraschung fiel es nach der Seite um, ehe sie es hochnehmen konnte. Es bestand nur noch aus Haut und Knochen, offensichtlich halb verhungert und sehr krank. Der Hausmeister ihres Gebäudes sagte, das Kätzchen hätte sich mehrere Tage lang hinter irgendwelchen Gipsplatten in einem Raum versteckt, den er gerade renovierte. Und es gehörte niemandem.

Sie brachte das Kätzchen eiligst zu einem Tierarzt, der ihr sagte, obwohl die Katze sehr krank und am Verhungern wäre, könnte sie wieder gesund werden, wenn man sie liebevoll gesund pflegte. Sie sagte: „Oh, armes kleines Kätzchen."

Der Tierarzt sagte: „Das ist kein Kätzchen. Es ist eine seltene kleinwüchsige siamesische Katze. Sie wird kein bißchen mehr wachsen!"

Manifestation von $10000

Eine Frau aus Kalifornien mit Namen Michael befaßte sich schon seit langem durch Verstandeswissenschaft und religiöse Wissenschaftskirchen mit metaphysischem Training. Dann wurde sie mit Ramtha bekannt gemacht. Das folgende Wunder ereignete sich in einer Zeit, als sie Geld brauchte.

Sie erzählte, sie erhielt einen Kettenbrief von einer Freundin und hätte ihn normalerweise nach einem höflichen „Nein, danke"-Briefchen an ihre Freundin in den Papierkorb geworfen. Dieses Mal jedoch fühlte sie sich gezwungen, den Anweisungen im Brief Folge zu leisten, was sie auch tat. Die Auszahlungssumme in diesem speziellen Kettenbrief sollte $10000 sein. Sie warf ihre eigenen Briefe am nächsten Tag in den Briefkasten. Als sie das getan hatte, wollte sie am liebsten die ganze Angelegenheit vergessen. Sie entschloß sich jedoch, eine Manifestation oder „Bearbeitung" für die $10000 zu versuchen. Sie wußte, daß sie die Bitte um $10000 nicht an eine spezielle Person oder Institution richten durfte. Es war, wie sie sagte, eine allgemeine Manifestation und nicht von einer besonderen Quelle abhängig. RAM hatte gegenüber seinen Zuhörern deutlich gemacht, daß die Quelle unbegrenzt ist. Immer wenn du denkst oder fühlst, daß die Erfüllung irgendeines Wunsches von einer bestimmten Person oder Richtung kommen sollte, dann beeinträchtigst du das Ausfließen des Überflusses, der ganz natürlich durch ein starkes Verlangen ausgelöst wird. Sie wußte nun, daß sich ihr Verlangen nach $10000 letztendlich materialisieren würde! Eine Woche später bekam Michael mit der Post einen Scheck über $10000! Woher kam er? Es war die endgültige Regelung über den Besitz ihrer Großmutter. Die Testamentsvollstrecker hatten ihr und den fünf anderen Enkeln zuvor gesagt, daß die Regelung noch einige Monate länger dauern würde. Nach der Aufteilung würde sich jeder Anteil auf höchstens $5000 belaufen! Michael sagte, sie lernte aus dieser Erfahrung, daß es tatsächlich eine unbegrenzte Quelle des Überflusses gibt, für sie oder alle anderen, wenn man sich selbst nicht auf eine spezielle Quelle festlegt. Sie erhielt niemals die $10000 aus ihrer Teilnahme am Kettenbrief. Oder vielleicht doch?

Brot vor Augen

RAM hat vor seinen Zuhörern oft gesagt, daß der Tag kommen werde, an dem viele von den Anwesenden ganz einfach in der Lage sein würden, Brot direkt vor sich erscheinen zu lassen. Er beeindruckte eine der Meisterinnen aus Rainier, Washington, mit dieser Idee ganz besonders. Sie entschloß sich, Brot zu manifestieren, wie Jesus (Yeshua Ben Joseph) es getan hatte. Sie fühlte wirklich, daß es möglich war. Außerdem meinte sie, daß sie, falls sie jemals großartige Manifestationsfähigkeiten entwickeln wollte, schließlich irgendwo anfangen müsse.

Sie setzte sich und konzentrierte ihr Verlangen nach Brot vollkommen darauf, daß es vor ihr erscheinen sollte. Sie sagte, sie konnte es fühlen, als sie ihre Hände ausstreckte - sein Gewicht und seine Beschaffenheit - sie konnte sogar seinen Duft riechen. Nach einer halben Stunde intensiver Konzentration auf dieses einzigartige Verlangen sagte sie Dank ins Unbekannte.

Obwohl sich kein Brot sofort in ihren Händen materialisiert hatte, fühlte sie sich nicht entmutigt. In diesem Augenblick hörte sie im unteren Geschoß ein Geräusch und sagte sich, daß es die Haushälterin sein müsse. Es war etwa die richtige Zeit für eine Tasse Kaffee, deshalb ging sie hinunter in die Küche. Zu ihrer großen Freude fand sie einen frischen Laib Sauerteigbrot ganz offen daliegen. Die Haushälterin mußte ihn da hingelegt haben.

Sie lachte vor Freude und nahm sich etliche Stücke des frisch gebakkenen Brotes. Für sich selbst entschied sie, daß sie es manifestiert hatte und beanspruchte diese Manifestation für sich. Sie fügte hinzu, daß im Jahr zuvor und in den Jahren danach sich kein Laib Brot so deutlich vor ihr manifestiert hatte.

Obwohl sie diese Erfahrung mit Freude erfüllte, versuchte sie lange Zeit nicht, sie zu wiederholen. Das geschah erst fast zwei Jahre später. Dieses Mal spezifizierte sie ihren Wunsch nach Sauerteigbrot, das ihr Lieblingsbrot war. Sie beschloß ihre Manifestationsübung für dieses Verlangen mit der Zusage, daß sie entschlossen war, sich selbst keines zu kaufen.

Zwei Tage später kam eine Nachbarin zu Besuch und brachte ihr einen Laib Sauerteigbrot aus San Francisco. Sie lachte wieder herzlich und aß und aß und dankte dem Gott in ihrem Inneren für eine solch wunderbare Manifestation. Es war großartig! Sie sagte, ihre Wangen schmerzten von all dem Lachen und Kauen.

Mit einem Augenzwinkern sagte sie, sie wisse jetzt, daß sie niemals Hunger leiden müsse. So soll es sein.

Schau hinauf!

JZ erzählt diese nette kleine Geschichte im Magazin „Perspectives". Sie trug sich in Yucca Valley, Kalifornien, während eines Ramtha-Treffens zu.

Jeff Knight, der immer standfest neben seiner geliebten JZ steht, fragt niemals nach eindeutigen Beweisen oder persönlichen Wundern von RAM. Aber diesmal wurde er mit einem unerwarteten Erlebnis beschenkt.

Es war Nacht in der Wüste. Das Treffen war gerade zu Ende, und Jeff ging hinter RAM aus dem Saal. Plötzlich blieb Ramtha stehen und erhob seine Hände zum Himmel. Gleichzeitig hörte Jeff in seinem Kopf eine Stimme deutlich sagen: „Schau hinauf!"

Jeff hielt inne, stand ganz still und schaute erwartungsvoll in den Himmel. Während er schaute, tauchte mitten am Himmel über ihm ein UFO auf. Das Fahrzeug blieb mehrere Augenblicke lang deutlich sichtbar direkt über ihm stehen und fuhr dann mit rasender Geschwindigkeit davon. Jeff empfand bei diesem Anblick große Ehrfurcht.

Als das glänzende Fahrzeug verschwand, drehte sich RAM zu Jeff um und sagte liebevoll: „Ich habe meine Brüder gebeten, dir dies zu zeigen, nur für dich, der du um nichts anderes als die Freude am Leben bittest!"

Da ich diesen starken, schweigsamen Mann viele Male beobachtet habe, fühle auch ich, daß Jeff diesen speziellen Anblick sehr wohl verdient hatte.

Ein Freund im Geschäft mit dem Wind

George, der in Kalifornien lebt, erzählte von seinen neuesten Versuchen, unabhängig zu werden. Für ihn bedeutete das, eine unabhängige Energieversorgung in seinem neuen Haus zu besitzen. Er entschied, daß eine Windmühle seinen Zwecken sehr wohl dienen würde.

George wußte, daß Ramtha bei seinen Treffen gesagt hatte, daß er ihnen helfen würde, wenn sie sich anstrengten, selbständig voranzukommen. Im Speziellen bedeutete das, wenn jemand eine Windmühle bauen wollte, um das eigene Haus mit Elektrizität zu versorgen, dann würde er als Herr des Windes dabei helfen. Er versprach, in „freundlich gestimmten Stürmen" so viel Wind blasen zu lassen, wie für die Erzeugung von elektrischem Strom nötig wäre.

Als George sich mit einem örtlichen Fachmann in Verbindung setzte, um sich einen Windmühlen-Generator bauen zu lassen, da sagte der Mann zu ihm, daß er nicht glaubte, daß es in dieser Gegend genug Wind gäbe, um eine Windmühle funktionieren zu lassen. In der Tat sagte er, daß er bezweifle, ob es überhaupt genug Wind gäbe, um die Anlage zu testen, wenn sie gebaut wäre.

Nachdem George geduldig den Argumenten des Mannes zugehört hatte, lächelte er und sagte dem beunruhigten Fachmann, jetzt gleich mit dem Bau der Windmühle für ihn anzufangen. „Ich habe einen Freund im Geschäft mit dem Wind", sagte er. „Wenn Sie fertig sind für das Testen der Anlage, dann lassen Sie es mich wissen."

Der Fachmann wunderte sich darüber, daß George einen Freund mit einer Windmaschine hatte, aber er entschloß sich, mit dem Bau der Windmühle anzufangen. Er hoffte nur, daß die Windmaschine des Feundes groß genug wäre, um die Windmühlenanlage zu testen, wenn er mit dem Bau fertig war.

Einige Wochen vergingen. Eines Nachmittags klopfte der Fachmann bei George an die Tür und sagte ihm, daß der Turm stehe und fertig sei zum Testen. Er bräuchte eine Windkraft von mindestens fünfzehn Meilen pro Stunde. Er sei bereit, die Tests durchzuführen, wenn George jetzt seinen Freund anrufen könnte, damit er käme und die Windmaschine aufstellte.

George lächelte wieder und bat den Mann, ihm fünf Minuten Zeit zu lassen. Er versicherte ihm, er würde sich jetzt gleich mit seinem Freund im Windgeschäft in Verbindung setzen. Gleich käme er hinaus zu ihm. In der Zwischenzeit sollte der Fachmann neben der Windmühle warten. Der Fachmann war einverstanden, und George ging wieder in sein Wohnzimmer.

Er schloß seine Augen und rief RAM an. „Okay, RAM. Es ist Zeit, daß du handelst. Wir brauchen Wind, Bruder." Er fügte noch hinzu: „Mindestens fünfzehn Meilen pro Stunde!" Er hielt seine Augen geschlossen und stellte sich vor, wie der Wind blies und die Windmühle sich drehte.

„Sie dreht sich!" Er hörte die aufgeregte Stimme des Fachmanns nach ihm rufen. „Kommen Sie raus. Ich brauche Ihre Hilfe! Sie dreht sich!" Der Fachmann rief immer lauter.

George öffnete seine Augen, und sein strahlendes Lächeln wurde noch strahlender. Er lief hinaus, um dem Fachmann zur Hand zu gehen, während er die Meßgeräte überprüfte und Messungen vornahm. Der Wind blies weiterhin mit gleichbleibender Stärke von fast zwanzig Meilen pro Stunde während der gesamten Testphase.

Der sehr überraschte und erleichterte Fachmann sah George an. „Es sieht so aus, als bräuchten wir Ihren Freund mit seiner Windmaschine schließlich doch nicht", sagte er. „Das Testergebnis ist hervorragend!"

George hörte nicht auf zu lächeln. Er versuchte auch nicht zu erklären, daß sein Freund im Geschäft mit dem Wind bereits wie versprochen dagewesen war.

Seelenverwandte im Sternenlicht

Diese Geschichte stammt von Deborah, die in Tenino, Washington, lebt. Sie sagte, sie bringt wahrhaft Stunden damit zu, in den Abendhimmel auf diese wunderbaren, funkelnden Sterne zu blicken. Sie spricht mit ihnen, und sie sprechen mit ihr. Kürzlich bekam sie ein besonderes Interesse für die Sterne, die rot, weiß und blau funkeln.

Am 11. September 1987 erwachte sie aus einem wunderbaren Traum, den sie uns hier mit ihren eigenen Worten erzählt:

„Im Traum blickte ich in diesen herrlichen Himmel, der übersät war mit Millionen und Abermillionen von rot, weiß und blau funkelnden Sternen. Als ich in atemloser Ehrfurcht schaute, fiel einer der Sterne vom Himmel und löste sich vor meinen Augen auf. Ich schaute weiter in großer Verwunderung zu.

Bald flog ein leuchtendes Wesen mit sehr hoher Geschwindigkeit vorbei. Ich bemerkte, daß es rötlich gefärbte Hosen und ein dunkelblaues Oberteil trug und wunderbare, hell leuchtende Flügel besaß. Dieses Wesen war weiblich, und sie schwebte an mir vorbei, mit dem Kopf voraus und dem Gesicht nach oben. Sie kam direkt an mir vorbei und verschwand in einem üppig grünen Waldgebiet in der Nähe des Baches.

Ich schaute wieder auf den Himmel und sah, wie ein zweiter Stern herabfiel und genau wie der erste sich vor mir auflöste. Ich blieb wachsam und sah, daß auch dieser Stern an mir vorbeischwebte. Er trug den gleichen roten und dunkelblauen Anzug und hatte die die gleichen riesigen, leuchtenden Flügel. Diesmal war es ein Mann. Auch er flog mit dem Kopf voraus und dem Gesicht nach oben an mir vorbei auf seinem Weg in das üppig grüne Waldstück in der Nähe des Baches.

Als ich mich umdrehte und um mich blickte, merkte ich, daß ich mitten in einem Fest war, das an ein Karnevalstreiben erinnerte. Ich ging umher und betrachtete die Fahrgeschäfte, Spiele und anderen Vergnügungen. Etwas später sah ich, wie das Sternenpaar umherging. Sie waren in jeder Hinsicht wundervoll. Ihre strahlenden Gesichter waren engelsgleich, ihre Augen glänzten. Jede dunkle Locke hatte an ihrem Kopf den perfekten Sitz! Ihre Körper waren schlank und kräftig, wie fein abgestimmte und gut gepflegte Fahrzeuge.

Sie trugen beide diese roten und dunkelblauen Anzüge, die ihnen wie eine zweite Haut paßten. Liebe und Licht strahlten buchstäblich aus dem Innersten ihres Wesens. Sie waren Individuen, jedoch eins, die perfekte Einheit eines einzigen Wesens, eine männliche und eine weibliche Energie aus der gleichen Quelle.

Ich war erstaunt, daß sonst niemand sie zu erkennen schien. Sie waren mit einem der Spiele am Glücksrad beschäftigt. Ich ging auf die Frau zu und sagte: 'Ich beobachtete, wie ihr angekommen seid.'

Als sie mir tief in die Augen blickte, da erschien ein liebendes Lächeln auf ihrem Gesicht und ein Glühen, das ihre Gestalt aufleuchten ließ. Sie antwortete sanft: 'Ja, wir wissen, daß du uns gesehen hast.'

Ich wachte mit einer lebhaften Erinnerung an diesen Traum auf. Oder war es eine Vision? Etwa eine Woche später erzählte ich einem Freund beim Essen von meinem Traum. Er lächelte und sagte: 'Das muß deine Vision gewesen sein, die RAM versprochen hat zu schikken.'

Ich war verwirrt und konnte mich nicht erinnern, was er damit meinte. 'Welche Vision?' fragte ich.

Mein Freund hatte im vorangegangenen Monat mit mir zusammen das Treffen in der Halle von Yelm besucht. Er erinnerte mich daran, daß RAM versprochen hatte, jedem der an diesem Tag Anwesenden eine Vision zu schicken, wie ihr Leben in zehn Jahren aussehen wird. Ich mache mir nicht immer Notizen, bei dieser Gelegenheit habe ich es aber getan. Als ich in diesen Notizen nachblätterte, da fand ich die Worte, die ich geschrieben hatte. 'Mein Leben in zehn Jahren - eine echte Vision!'

Sofort fühlte ich mich in meinem Inneren angerührt und empfand eine noch größere Leidenschaft und Liebe für diesen glänzenden, von Sternen erleuchteten Himmel, und für mein erst werdendes Ich... Ich erkannte, daß es in meinem Traum mein zukünftiges Ich gewesen war, das mich besucht hatte."

Magischer Schokoladenkuchen

Meine Freundin und ich genossen es, im Urban Onion Restaurant im Geschäftsviertel von Olympia, Washington, zu speisen. Wir waren erst vor etwa einem Jahr in diese Gegend gezogen und liebten sowohl das Essen als auch die Atmosphäre in diesem Lokal. Jede Mahlzeit wurde natürlich mit einer der Nachspeisen aus der großartigen Auswahl gekrönt. Meine Lieblingsspeise war ihr Schokoladenkuchen. Immer nahm ich zusätzlich ein oder zwei Stücke mit nach Hause für zukünftige Gaumenfreuden.

Eines Tages kamen wir beide auf die glorreiche Idee, einfach einen ganzen Schokoladenkuchen zu kaufen. Wir würden auf diese Weise eine ganze Menge Geld sparen. Die einzige Schwierigkeit war, daß zweimal nacheinander, als wir nach dem Preis eines ganzen Schokoladenkuchens fragten, die Bedienung sagte, daß der Besitzer gerade nicht da sei und sie den Preis nicht wisse.

Es war alles vorbereitet. Wir hatten gerade an den beiden vorangegangenen Wochenenden zwei großartige „Manifestations"-Intensivtreffen in Seattle besucht. Meine Freundin schlug vor, daß wir, wenn wir schon keinen ganzen Schokoladenkuchen im Restaurant kaufen konnten, uns doch die Zeit nehmen sollten, den wirklichen Bäcker zu „manifestieren" (in unsere Wirklichkeit zu rufen), der den Kuchen an das Restaurant verkaufte.

Natürlich stimmte ich dieser Idee schnell zu. Wir fanden beide einige ruhige Minuten und riefen den Bäcker des Schokoladenkuchens an, direkt in unser Leben zu treten. Nachdem wir unsere Konzentration auf diesen Gedanken beendet und sie mit den Worten „So soll es sein" bekräftigt hatten, machten wir uns auf den Weg, um unsere Einkäufe zu beenden.

Wir fuhren direkt zum nächstgelegenen Einkaufszentrum und gingen in ein Haushaltswarengeschäft, wo wir die Sachen kauften, die auf unserer Liste standen. Das Haushaltswarengeschäft lag neben anderen Läden am Eingang des überdachten Einkaufszentrums. Es war Samstag, und einem plötzlichen Impuls folgend entschlossen wir uns, tatsächlich in das Einkaufszentrum zu gehen. Normalerweise vermieden wir Einkaufszentren lieber. Das Drängen, dieses Zentrum „zu erforschen", war jedoch in beiden von uns sehr stark.

Als wir in die Einkaufsstraße hineintraten, sahen wir große Menschenmengen, die sich um Verkaufsstände drängten, die überall aufgestellt waren. Genau in der Mitte der Straße saß ein Diskjockey an einem großen Tisch und war umgeben von lauter hübschen Damen, die ihm Teller mit schmackhaften Speisen reichten. Er machte eine Live-Übertragung und erzählte seinen Zuhörern von der Vielzahl der Gaumenfreuden, während er sie kostete.

Meine Freundin und ich bummelten die Einkaufsstraße entlang und blickten auf die Fülle von einladenden Ständen, die mit wunderbaren Speisen und feinen Desserts beladen waren. Plötzlich blieben wir stehen und starrten auf einen riesigen Schokoladenkuchen, bei dem uns das Wasser im Mund zusammenlief. Er sah genauso aus wie die Kuchen, die wir im Urban Onion Restaurant gegessen hatten. Die freundliche Frau hinter der Theke fragte uns, ob wir nicht gern ein Stück Kuchen kaufen wollten. Meine Freundin und ich sahen uns an und grinsten. Ich fragte, ob sie die Dame sei, die den Schokoladenkuchen für das Urban Onion Restaurant lieferte.

Die Antwort lautete: „Ja, die bin ich."

Die Gesamtzeit für die Realisierung dieser Manifestation betrug weniger als zwei Stunden. Es ist unnötig zu erwähnen, daß wir an diesem Tag einen ganzen Schokoladenkuchen mit nach Hause brachten.

Kein Zweifel mehr

Darlene erzählte mir, wie sie ihren Weg durch die konventionellen religiösen Glaubensrichtungen gemacht hatte und sich dann für ihr eigenes Selbstverständnis den Östlichen Religionen zugewandt hatte. Schließlich traten eines schönen Morgens Ramthas Lehren in ihr Leben. Sie ließ den Buddhismus hinter sich und studierte die Bücher, Tonbänder und Videos mit den Lehren von Ramtha mehrere Jahre lang.

Nachdem sie gehört hatte, wie Ramtha sagte, daß niemand jemals wieder in seine Versammlungen kommen müsse, da hatte sie das Gefühl, daß sie ihren letzten Lehrer gefunden hatte. Sie war sicher, daß sie sich jetzt selbst lehren konnte. Jedoch begannen sich Zweifel über ihre Lernfähigkeiten zu regen. Dann kamen mehr und mehr Zweifel auf, ob RAM wirklich wußte, wovon er sprach. Diese Zweifel bedrängten sie von nun an immer mehr in ihrem erwachten Bewußtsein. Die Belastung hatte schließlich einen Punkt erreicht, daß sie sich entschloß, eines der örtlichen Ramtha-Intensivtreffen zu besuchen. Den ganzen Tag während des Intensivtreffens überlegte sie, ob RAM wirklich die Gedanken lesen konnte. Wenn er wirklich über ihre Ängste und Zweifel Bescheid wußte, dann hoffte sie, würde er ihr irgendein Zeichen geben. Sie saß ruhig da und wartete.

Als der Tag zu Ende ging und die Weinzeremonie begann, hatte sie immer noch kein Zeichen erhalten. Während die Meister in Reihen zum Tisch gingen, vor dem RAM saß, um dort ihr Glas Wein abzuholen, wartete sie noch. Als fast alle anderen Meister ihren Wein erhalten hatten, ging sie nach vorne zum Tisch an der Bühne, um ihr Glas zu holen. Sie hatte immer noch kein Zeichen von RAM erhalten und konzentrierte sich darauf, ihr Glas Wein auszusuchen. Als sie es nahm, lehnte RAM sich vor und sagte sanft „Hallo, Darlene!" mit einem breiten Lächeln auf dem Gesicht.

Sie war schockiert. Woher wußte er ihren Namen? Tränen schossen ihr in die Augen, und da wußte sie, daß sie niemals mehr anzweifeln würde, daß RAM die Fähigkeit besaß zu wissen, was irgendjemand dachte oder fühlte. RAM wußte nicht nur, was sie dachte, sondern er kannte auch ihren Namen!

Sheryls Traum

Diese Geschichte wird von Sheryls Cousine erzählt:

„Mir ging es wie so vielen: Als ich zum ersten Mal von Ramtha hörte, da war ich wie vom Sturm ergriffen! Ich war besessen! Ich wollte in 24 Stunden oder weniger alles wissen! Ich war in solch einer Begeisterung, daß ich es versäumte, irgendeinem in meiner Familie davon zu erzählen, obwohl ich schon geplant hatte, nach Florida zu fahren, um Ramtha zum ersten Mal zu sehen. Das Intensivtreffen war heftig - aber das ist eine andere Geschichte.

Am zweiten Nachmittag kam meine Cousine Sheryl mich in meinem Hotelzimmer besuchen. Sie schien unruhig und besorgt zu sein, deshalb fragte ich sie, was los sei. Sie sagte, daß sie einen seltsamen Traum gehabt hatte, und zwar in der Nacht, nachdem ich sie angerufen und gesagt hatte, ich käme nach Florida. Nun, bedenke mal, ich hatte noch niemandem von Ramtha erzählt.

Ich fragte sie nach ihrem Traum, und jetzt kommt, was sie mir erzählt hat. Denk dran, sie kam von einem Ort, wo Furcht herrschte. (In Klammern stehen meine Antworten in unserem Gespräch.) Während wir sprachen, begann ihre Furcht wegzuschmelzen.

'Du und ich, wir waren in diesem großen Gebäude mit vielen Schlafzimmern.'

(Du meinst ein Hotel?)

'Ja! Am anderen Ende des Ganges hörte ich ein junges Mädchen weinen, aber sie weinte vor Freude. Und über sie gebeugt war dieser wirklich große, dunkelhäutige Mann mit schwarzen Haaren und einem schwarzen Bart. Er hatte ein Spezialmesser in der Hand und öffnete damit ihren Kopf.'

(Öffnete ihren Geist?)

'Ja! Sie waren in einem Badezimmer.'

(Wo man gereinigt wird.)

'Ja. Auf alle Fälle wollte ich die Tür zumachen, aber er wollte es nicht zulassen.'

(Er wollte nicht, daß du ihn aussperrst?)

'Ja! Aber er wandte keine körperliche Gewalt an oder so etwas. Er schaute mir nur in meine Augen mit diesen großen, schwarzen, durchdringenden Augen. Ich dachte, er ist der Teufel. Er war so mächtig. Sie lag da am Boden auf seinem Schoß und weinte vor Freude, und er schnitt in ihrem Gehirn herum. Es war wirklich unheimlich. Jedenfalls, ich schaute dich an, und du hast einfach nur gestrahlt! Du sagtest zu mir: „Sheryl, hab keine Angst, hier ist nichts zu fürchten." Ich sagte dir, daß ich mich wie versteinert fühle und daß wir bitte gehen sollen. Ich wollte dort raus. Deshalb rannten wir aus der Tür und den Gang entlang, und da war er wieder. Er sprach nicht, aber trotzdem hörte ich ihn sagen: "Wann wirst du dein Zimmer säubern?"'

(Deine Psyche? Deine Seele?)

'Ich sagte, jetzt nicht, ich hab das Zeug dazu noch nicht, aber wir gehen und besorgen es!'

Dann erklärte ich Sheryl, daß dieser Traum mir sehr wunderbar erschien und reich an Symbolkraft. Daß sie bereit war, 'ihr Zimmer zu säubern'. Nun, ein paar Minuten später gingen wir zu einer Frage-und-Antwort-Sitzung über Ramthas Lehren und ähnliches. Ganz plötzlich begann Sheryl zu weinen. Sie wollte gehen.

Es kam dann heraus, daß sie, als sie eines der Mädchen aus Ramthas Truppe sah, wirklich Angst bekam. Es war das gleiche Mädchen wie in ihrem Traum!"

Im Aufzug

RAM ist wohlbekannt für seine spontanen Heilungen des Körpers und für fast jede andere Art der sofortigen Manifestation. Die folgende Geschichte ist in diesem Zusammenhang klassisch.

Die Geschichte spielt in einem Aufzug in einem der großen luxuriösen Hotels, wo soeben ein Intensivtreffen zu Ende gegangen war. Ramtha kontrollierte immer noch den Körper von JZ, als er und seine Leute in den Aufzug einstiegen. Ein Mann, der von RAM nichts wußte, war bereits eingestiegen. Der Mann wirkte sowohl verstört als auch aufgeregt.

„Was ist los, Meister?" fragte RAM, lehnte sich vor und blickte intensiv in die Augen des Fremden.

Der Fremde trat schnell und nervös einen Schritt zurück und sagte, er habe seinen Freund verloren und wisse nicht, in welchem Stockwerk er zu finden sei. Als der Aufzugsknopf gedrückt wurde, beugte sich RAM noch einmal zu diesem Mann.

„Sie möchten Ihren Freund sehen? So soll es sein!"

Der Aufzug setzte sich schnell in Bewegung, schoß nach oben und hielt dann abrupt an. Einer der Anwesenden sagte: „Das ist nicht unser Stockwerk. Niemand hat den Knopf für dieses Stockwerk gedrückt."

Die Aufzugtür öffnete sich und gab den Blick frei auf einen gutgekleideten und ebenfalls verstört dreinblickenden Mann.

„Das ist er! Das ist er!" rief der Mann im Aufzug und zeigte mit dem Finger aufgeregt auf den Mann. Schnell griff er an die Kante der Aufzugstür, um sie offenzuhalten, während er glücklich ausstieg und sich seinem Freund anschloß.

Schallendes Gelächter erfüllte den Raum, als jeder in der Gruppe einschließlich des RAM sich an der Verwunderung des Fremden erfreute. Der Aufzug nahm erneut seine Fahrt auf und hielt zum zweiten Mal nacheinander im „richtigen Stockwerk". Der Aufzug hob nicht nur die Liftkabine nach oben, sondern er hob auch die Stimmung von allen, die dabei waren.

Aufstieg in den Himmel

Anne erzählt uns ihre Lebensgeschichte.

Die Morgensonne wird bald über den glitzernden Wassern des Puget Sound aufgehen, der ruhig daliegt vor meinem Haus. Das Schweigen des frühen Morgens umfließt mich friedlich, während meine beiden Deutschen Schäferhunde durch die nebligen Felder an diesem wunderbaren Ort laufen. Mein Leben ist verzaubert worden - jeder Augenblick ist aufregend und erfüllend.

Man kann es sich nicht vorstellen, daß ich kurze neun Jahre zuvor wirklich noch in den Tiefen der Hölle gelebt hatte. Und dort hatte ich für den größten Teil meines Lebens gelebt. Dann traf ich Ramtha und begann den Aufstieg in den Himmel, zu dem mein Leben jetzt geworden ist.

Meine Lebensgeschichte ist der wahre Bericht einer hoffnungslosen Drogenabhängigen. Mehr als ein Vierteljahrhundert lang haßte ich die Welt und alle darin, besonders mich selbst. Ich beging fast jede „Sünde", die den Menschen bekannt ist. Ich wollte nicht sehr lange leben und erwartete es auch nicht. Körperlich und seelisch fügte ich vielen Menschen Verletzungen zu, denen, die mich liebten, und auch vielen, die mich nicht liebten. Alle fürchteten mich.

Sicherlich war ich auch einmal Kind gewesen, aber ich war niemals wirklich ein Kind in diesem Leben. Meine Mutter erzählte, sobald ich sprechen konnte, war ich fasziniert von Afrika und wollte dorthin fahren. Und ich wollte einen schwarzen Panther als Haustier. Eines Abends beim Abendessen, als ich gerade sieben Jahre alt war, überfiel mich ein seltsames und furchterregendes Gefühl. Ich entschuldigte mich und stand vom Tisch auf. Ich ging und spielte am Stutzflügel, als wäre ich in Trance, als stünde ich unter Chopins Einfluß. Tatsächlich war ich erst Anfängerin. Jetzt weiß ich, daß die seltsamen Wünsche und Vorkommnisse in meiner Kindheit die Erinnerungen meiner Seele an andere Zeiten und Orte waren.

Von Anfang an empfand ich die Sorgen und Leiden dieser Welt. Vielleicht fühlte ich auch die Traurigkeit, die vor mir lag. Mein Schmerz für die Mühsal der Menschen war echt. Nur ein paar Jahre später entdeckte ich eine Art und Weise, um die Schmerzen abzutöten, die ich so persönlich spürte. Die Abtötung geschah durch Drogen.

Bis heute kann ich nicht viele glückliche Erinnerungen aus meiner Kindheit wachrufen. In der Tat gab es kein wirkliches Glück, bis ich vor neun Jahren Ramtha traf, als ich meine Reise in die Freiheit begann. Befreiung von mir selbst, denn wahrhaft, ich „wanderte vierzig Jahre lang in der Wüste".

Ich war das Produkt eines zerbrochenen Zuhauses und einer gewalttätigen, alkoholabhängigen Mutter. Ich wurde im Alter von dreizehn von vier Männern vergewaltigt. Mit sechzehn war ich eine drogenabhängige Prostituierte. Mit siebzehn traf ich einen berüchtigten Typen aus der Unterwelt und heiratete ihn. Er wurde dann aus den Vereinigten Staaten ausgewiesen. Mit achtzehn wurde ich Model und hätte ganz groß herauskommen können, wenn ich es nur wirklich gewollt hätte.

Mit neunzehn besaß ich ein immenses Vermögen, mit zwanzig einen hohen gesellschaftlichen Status durch die Verbindungen mit Politikern auf höchster Ebene und der sogenannten Oberschicht der Gesellschaft. Zu meinem Kreis gehörte auch ein Senator, der später Präsident der Vereinigten Staaten wurde. Durch all das und noch viel mehr war ich verwickelt in Vorgänge der Unterwelt und führte die ganze Zeit ein Doppelleben. Fünf Jahre lang war ich gegen gesetzliche Maßnahmen geschützt durch einen hohen Staatsbeamten, der von meinem Multimillionär-Liebhaber bezahlt wurde.

Seit meinem achtzehnten Lebensjahr gab es zahllose Krankenhausaufenthalte einschließlich der Zeit, die ich in einem Bundeskrankenhaus für Abhängige zubrachte. Nachdem ich im Alter von 26 rücksichtslos zusammengeschlagen worden war, blieb ich über zwei Jahre lang gelähmt und verkrüppelt. Dreimal war ich klinisch tot und viele Male an der Schwelle des Todes, oft durch meine eigene Schuld. Ich schoß auf den einzigen Mann, den ich je liebte und der sechzehn Jahre lang mein Ehemann war, und tötete ihn beinahe. Vor fünf Jahren verbrannte er sich selbst im Wohnzimmer unseres Hauses.

Diese Erlebnisse sind Teile der Geschichte meiner verzweifelten Suche nach den Antworten auf das Rätsel, das ich selbst bin. Die endlose Verwirrung und das Leid meiner ersten vierzig Jahre hatten ihre

Ursache in der Tatsache, daß ich nichts fand, das Sinn hatte. Warum der Schmerz? Wofür lebte man, worum ging es überhaupt? Warum mußte man alles durchleiden, um dann alt zu werden und zu sterben? Es schien so nutzlos. In meinem Innersten fühlte ich jedoch, daß es eine Antwort auf diese Fragen gab - irgendwo. Es mußte sie einfach geben.

Als wunderbare Rettungen und Ereignisse sich häuften, kam ich zu der Überzeugung, daß es ein Höheres Wesen gab. Es gab einen Grund dafür, daß ich an diesem verwirrenden und unglückseligen Ort festgehalten wurde. Wer oder wo dieses Wesen war, schien jenseits meiner Reichweite und meiner Verstandeskraft zu liegen. Ich konnte den Gott des Endgerichts, den die Kirche mir anbot, nicht akzeptieren. Die Religionen ergaben keinen Sinn und lieferten auch keine Antworten. Es mußte da mehr geben als Versklavung durch Furcht und Schuld. Das alles paßte ganz einfach nicht zu den Gefühlen, die ich Gott gegenüber hatte, als ich ein Kind war. Ich liebte Gott. Es gab da etwas in meinem Inneren, eine tiefe Sehnsucht in mir.

Als die traumatischen Jahre weitergingen, wurde das Verlangen zu wissen der Mittelpunkt meines Lebens. Ich wünschte mir nicht nur zu wissen, sondern ich mußte wissen. Vor dreizehn Jahren begann ich plötzlich im voraus alles zu fühlen, was mir und meinen engsten Freunden passierte. Ich hatte keine Ahnung, woher diese Informationen kamen. Ich begann, mich mit Metaphysik zu beschäftigen. Viele Türen öffneten sich. 1979 wurde mein Leben wieder wertvoll. Ich traf Ramtha.

Dieser unglaubliche Meister sagte mir, daß ich wirkliche Meisterschaft erreichen würde. Das, was er sah, sollte ich auch sehen können. Ich erfuhr, daß ich ein Krieger und der General in seiner Armee sei. Er sagte viele wunderbare Dinge an diesem Tag zu mir, die ich in meiner Autobiographie mit dem passenden Titel „Ascension" (Auffahrt zum Himmel) weitergeben werde.

In den folgenden zehn Wochen wurde mir buchstäblich alles gezeigt. Während der nächsten drei Jahre stattete mich dieser wunderbare Lehrer mit dem Wissen aus, das ich so verzweifelt brauchte, um mein Ich zu finden. Indem ich mein Ich fand, fand ich schließlich auch

Gott. Ich wurde fähig, mein Leben umzukrempeln. Es sind keine Fragen unbeantwortet geblieben.

Da man alles durchleben und erfahren muß, um wirklich zu wissen, brauchte ich acht Jahre mit schwerer und manchmal harter Erfahrung und Belehrung. Verkrustete Haltungen, die mich versklavt hielten, mußten sozusagen abgeschält werden, um endlich genau zu wissen, wer, was und warum ich bin.

Was ich gelernt habe, das ist das, was Jesus gelehrt hat, daß ich niemandem folgen soll außer dem Vater, der in mir wohnt. Alle Antworten liegen in meinem Inneren. Er sagte in aller Öffentlichkeit, daß wir alle „Söhne Gottes" sind. „Was ich getan habe, das könnt ihr auch tun, und sogar noch größere Dinge." „Das Himmelreich ist in euch selbst." Es ist die gleiche Botschaft, die auch Ramtha immer lehrt - „Schaut Gott."

Während ich meine Autobiographie schrieb, war es für mich nicht angenehm, die dunkelsten Augenblicke meines Lebens noch einmal zu durchleben, meine Seele vor der Welt offenzulegen, äußerst schmutzige Geheimnisse aufzudecken, denn ich wußte, daß es jene geben wird, die mich verurteilen werden. Aber das spielt keine Rolle mehr. Wichtig ist allein die Tatsache, daß ich meine Geschichte allen mitteile, um denen Hoffnung zu spenden, die im Schmutz und Schlamm eines Lebens wie dem meinen gefangen sind. Es gibt viele davon.

Diesen sage ich: Ihr alle könnt euer Leben ändern. Es beginnt mit dem Verlangen und der Bereitschaft, die Veränderungen zuzulassen. Das verrückte Leben, das ich im Gestern gelebt habe, war jeden Augenblick lebenswert. Es brachte mir mein jetziges Verstehen. Heute weiß ich, daß es nichts zu fürchten gibt auf diesem oder einem anderen Planeten, nichts, das ich nicht besiegen könnte, und keinen Menschen, den ich nicht lieben könnte.

Alle Dinge haben einen Zweck und dienen dem Begreifen und der Entwicklung unserer Seele. Es ist eine Wahrheit, daß Gott Vater niemanden und nichts verurteilt. Wir sind es, die wir uns selbst vergeben müssen und in unser Königreich kommen müssen. Diese Wahrheit hat mich frei gemacht.

Unsichtbar

Robert, der auch aus Yelm, Washington, stammt, war pleite, aber wollte gern die drei Tage der „Mysterienschule" in Yelm im Mai 1988 besuchen. Aus dem Nichts tauchte ein großzügiger Spender auf und schenkte ihm die Eintrittskarten für die ersten zwei Tage. Nachdem er die ersten beiden Sitzungen mitgemacht hatte, wußte Robert, daß er die von RAM gelehrte Manifestationstechnik anwenden mußte, um das Treffen am dritten Tag besuchen zu können.

Er setzte sich in einem Wäldchen nieder, um sein brennendes Verlangen heraufzubeschwören. Zuerst kamen Hunde und Katzen daher und störten seine Konzentration, bald folgten Fliegen und dann Ameisen. Schließlich wurde Robert so frustriert und ärgerlich über dieses Eindringen in seine Privatsphäre, daß er aufstand und laut fluchte.

Auf der Stelle merkte er, daß er die Beherrschung verloren hatte, bekannte sich dazu und vergab sich selbst in Liebe, daß er seinen Zorn so heftig hatte ausbrechen lassen. Seine Stimmung veränderte sich danach dramatisch.

Ein Pferd, das für seine Boshaftigkeit bekannt war, stand in der Nähe an einem Zaun. Gewöhnlich zwickte es jeden, der nur in seine Nähe kam. Robert ging zum Zaun hinüber und streichelte das Pferd. Es schien den Frieden, in dem Robert sich befand, zu spüren und war richtig zutraulich. Ein hübscher, großer Schmetterling flog daher und landete bei ihnen. Robert hatte ein großartiges Gefühl des Wohlseins. Er wußte plötzlich, daß sein Wunsch Wirklichkeit werden würde.

Früh am nächsten Morgen fühlte er sich in der Stimmung, mit dem Fahrrad zur Arena auf der Ranch in Yelm, wo die Treffen abgehalten werden, zu fahren, und er wurde durch das Tor eingelassen. Er hatte immer noch keine Eintrittskarte, aber wenigstens war er innerhalb des Tores. Er sah sich um und entdeckte seinen Freund Joe, der Autos in die Parkplätze einwies. Deshalb ging er hinüber und half Joe den Verkehr regeln, als die Autos hereinströmten.

Nachdem die meisten Autos geparkt waren, fragte er Joe, ob er für ihn ein freundliches Wort bei Valerie einlegen könne, die für den Eintritt zuständig war. Joe sollte fragen, ob er freien Eintritt bekäme, weil er ihm beim Einparken der Autos geholfen hatte. Valerie sagte

Joe, daß es nicht ausreichte, daß Robert bei der Parkplatzregelung geholfen hatte! Wenn er nicht offiziell für dieses Treffen zur Belegschaft ernannt worden war, dann müßte er wie jeder andere auch eine Eintrittskarte kaufen.

Joe gab diese Nachricht traurig an Robert weiter und schlug vor, ob er sich nicht vielleicht an einen bestimmten Platz außerhalb der Arena hinsetzen wolle, wo man die Stimme RAMs hören konnte. Robert stand lange genug an der Eingangstür, um zu sehen, wie RAM an ihm vorbeiging. RAM warf ihm einen Blick zu! Robert erbebte. Dann ging er und setzte sich an den empfohlenen Platz und hörte der Vormittagsrede von RAM bis zur ersten Pause von draußen zu. Die ganze Zeit wünschte er sich, stattdessen im Inneren der Arena zu sein.

Während der Pause liefen die Leute ein und aus. Robert drängte sich mit den anderen in die Arena. In wenigen Minuten sollte die Sitzung wieder aufgenommen werden. An der Tür wurden die Eintrittskarten bei jedem kontrolliert, der hineinging, aber man sah offensichtlich nicht, wie Robert hindurchschlüpfte.

Er fand im hinteren Teil des Saales einen hübschen Sitzplatz und wartete, daß die Sitzung beginnen sollte. Ehe er es sich gemütlich machte, kam ihm der Gedanke, daß die Verantwortlichen vielleicht nach ihm Ausschau halten könnten, deshalb konzentrierte er sich auf die Vorstellung, daß er für sie unsichtbar wäre.

Natürlich hatte Valerie ihn aus der Ferne gesehen, wie er durch die Tür kam. Sie hatte zwei Belegschaftsmitgliedern gesagt, daß sie ihn suchen und ihm sagen sollten, daß er ohne Eintrittskarte nicht im Inneren der Arena bleiben könne. Die beiden Belegschaftsmitglieder sahen sich unter den Anwesenden um, beide gingen direkt an Robert vorbei, einer sah ihm direkt in die Augen, doch keinem fiel er auf. Nach ein paar Runden durch die Menge gaben sie auf.

Als die Nachmittagssitzung begann, blickte RAM über die große Zuhörerschaft von Hunderten von Leuten, und Robert fühlte seine Augen direkt auf sich ruhen!

„Wie ich sehe, hat sich unsere Zuhörerschaft vermehrt", sagte RAM. Für die anderen Zuhörer erschien diese Bemerkung völlig nebensächlich, aber für Robert, der wußte, daß er die einzige Vermehrung der Zuhörerschaft darstellte, bedeutete es sehr viel. Seine Entschlossenheit, beim Treffen anwesend zu sein, war nicht nur mit Erfolg gekrönt, sondern RAM hatte persönlich diese Tatsache anerkannt. Robert sagte, er saß strahlend, aber unsichtbar für den Rest der Veranstaltung im Saal.

Verrückt vor Angst

Sich seinen eigenen Ängsten zu stellen und ein Bote des Friedens zu werden, ist eine wunderbare Sache. Richard und Jane waren auf ihrem Weg von der Ostküste in den Nordwesten, und an dieser Stelle erzählt Richard von ihrer goldenen Gelegenheit, sich ihren Ängsten zu stellen.

Es war der letzte Tag ihrer Reise, und sie waren bereits müde, als sie sich dem Staat Washington näherten. Sie waren beide hungrig, und das Auto brauchte außerdem Benzin. Als sie einen riesigen, einladend aussehenden Rasthof sahen, beschlossen sie, daß es der richtige Zeitpunkt für einen Halt war. Richard fuhr von der Straße ab und auf den Parkplatz.

Sie entdeckten bald, daß der Parkplatz brechend voll war, nur ein Platz war noch frei. Als sie langsam auf den freien Parkplatz zufuhren, sahen sie dort zwei Männer stehen, die heftig miteinander stritten. Einer von ihnen platzte fast vor Wut. Sein Gesicht war flammend rot und vor Ärger verzerrt, und seine Augen blitzten vor verrücktem Zorn.

Richard und Jane zögerten beide, ob sie an diesem Platz in der Nähe dieser wahnsinnig aussehenden Person parken sollten. Es war jedoch der einzige freie Platz in Sichtweite. Als sie ihr Auto vorsichtig abstellten, da hörten sie den zweiten Mann dem Verrückten zurufen: „Ich brauche überhaupt keine Hilfe bei gar nichts. Bitte, lassen Sie mich in Ruhe!" Ein verzweifeltes Bitten schwang in seiner Stimme mit.

Richard erzählte, daß die Gewalt in der Luft spürbar war und ihn fürchterlich aufregte. Weder er noch Jane wollten im Umkreis von hundert Fuß von dieser Person sein. Aber sie wußten, sie mußten aussteigen und sich dieser Angst stellen. Genau wie befürchtet, drehte sich der Mann in dem Augenblick, in dem Richard aus dem Fahrzeug stieg, voll Wut zu ihm um und fragte ärgerlich: „Was ist los? Willst du diesem Mann helfen?"

Als Richard in diese vor Haß glühenden Augen blickte, fühlte er, wie sein ganzer Körper vor Schreck bebte. Das ergab keinen Sinn. Er erinnerte sich, wie RAM gelehrt hatte, daß man einer Angst geradeheraus gegenübertreten muß, um die Maske zu entfernen, so daß die Angst ein „Nichts" würde. Konnte er diesem gewalttätigen Mann gegenübertreten und damit gleichzeitig seinen Ängsten?

Mit einem plötzlichen Anfall von Mut konzentrierte er sich auf das Zentrum seines Wesens und fühlte, wie eine Ruhe ihn durchflutete. Als er den Frieden in sich fühlte, ging er näher zu diesem verrückten Mann hin und sagte mit lauter, fester Stimme: „Der Mann da scheint keine Hilfe zu brauchen, und ich auch nicht!" Und er hielt dem Blick des verwirrten Mannes stand.

Schließlich ging dieser einen Schritt zurück, senkte seine Augen und sagte: „Es sieht so aus, als hätte ich es hier mit dem falschen Mann zu tun!"

Richard zeigte ein ernstgemeintes Lächeln und hielt dem Mann seine Hand hin. Überrascht nahm der Mann die Hand und schüttelte sie. Und der angstvolle Blick schmolz in einen Ausdruck der Dankbarkeit. Richard nickte und ließ die Hand los. Ohne ein weiteres Wort gingen er und Jane in das Restaurant. Sie fühlten sich aufgrund der Verwandlung wie auf Wolken. Der erleichterte zweite Mann folgte ihnen. Und der verrückte Mann ging still über den Parkplatz und verschwand.

Das Rückgrat erbebt

Don, der in Yelm, Washington, lebt, erzählte mir, wie er gerade bei einem Zimmermann arbeitete, eine Last von mehreren hundert Pfund tragen mußte und dann stolperte. Er fiel so ungünstig, daß die beiden unteren Wirbel in seinem Rückgrat gebrochen waren. Seine Freundin, eine Chiropraktikerin, behandelte ihn, um die schlimmsten Schmerzen zu lindern. Sie bestand darauf, daß er ein paar Tage nach seiner Verletzung ein Treffen mit RAM besuchte. Don glaubte, daß RAM ein Betrüger war und ging nur widerwillig hin.

Während der gesamten Vormittagssitzung konnte Don an nichts anderes denken als an seine mörderischen Schmerzen und seinen Wunsch, irgendwo anders zu sein. In der ersten Pause ging RAM den Gang entlang bis zu ihm, hielt an und richtete einen laserartigen Blick in seine Augen. Don sagte, er konnte plötzlich fühlen, wie Hitze in seinen Kopf strömte und seinen Körper erwärmte. Bald bewegte sich eine riesige pulsierende Welle sein Rückgrat hinunter und bis in seinen unteren Rückenbereich. Das Gefühl war elektrisierend und außergewöhnlich. An diesem Punkt löste RAM seinen Blick und wandte sich wortlos ab, um den Gang weiter nach hinten zu gehen.

Don lehnte sich in seinem Stuhl zurück und fragte sich, was passiert war. In diesem Moment merkte er, daß der Schmerz in seinem Rücken nicht mehr vorhanden war. Wie sehr er sich auch bemühte, etwas zu spüren, er konnte nichts fühlen. Er wandte sich seiner Freundin zu und sagte ihr, daß seine Schmerzen weg waren. Sie antwortete, als Chiropraktikerin wisse sie, daß es unmöglich war. Er stand auf, bückte sich mühelos nach vorne und berührte seine Zehen. „Schau", staunte er, „keine Schmerzen mehr!" Er war vollkommen geheilt.

Bis zu diesem Zusammentreffen mit RAM an diesem Tag war Don ein totaler Skeptiker gewesen, sagte er, hartherzig und in seinen Gewohnheiten festgefahren. Heute kenne ich ihn als einen so höchst empfindsamen, liebenswerten und flexiblen Meister, wie man ihn sich nur vorstellen kann. Er sagte, daß er nach dieser Wunderheilung zutiefst daran interessiert wurde, so viel wie möglich zu lernen, was und wer er war.

Don sagt, daß sein Leben sich mit Sicherheit verändert hat. Er besitzt jetzt eine veränderte, sich selbst wertvolle und friedvolle Seele. Für mich ist das das wirkliche Wunder dieser Erfahrung, die das Rückgrat erbeben ließ.

Voll des Mutes

Dick, aus Durango, Colorado, erzählte mir, wie er eine großartige Gelegenheit gehabt hatte, seinen Ängsten entgegenzutreten. Er war Gast bei einer Frau, die ein großes, älteres Haus besaß. Seine Gastgeberin sagte ihm entschuldigend, daß das Zimmer, in dem er in dieser Nacht schlafen würde, das letzte Zimmer war, das für Gäste noch zur Verfügung stand. Und daß es darin spukte. Sie sagte, daß all ihre vorherigen Gäste, die in diesem Raum geschlafen hatten, die Gegenwart einer geisterhaften Gestalt gesehen und gefühlt hatten.

Dick lachte über die Idee mit den Gespenstern. Er war viel zu realistisch, um zu glauben, daß er einen wirklichen Geist treffen würde. Er ging spät zu Bett und hatte keine Schwierigkeiten, in einen gesunden Schlaf zu fallen.

Als er plötzlich während der Nacht aufwachte, fühlte er eine kalte, frostige Gegenwart. Die Haare an seinen Armen und Beinen und in seinem Nacken standen ihm zu Berge. Er öffnete seine Augen noch weiter. Eine geisterhafte Erscheinung begann vor ihm Gestalt anzunehmen. Das Gesicht, der Kopf und die Schultern eines Mannes erschienen. Seine Augen waren gefüllt mit glühendem Haß.

Dick zitterte wirklich vor Furcht, als die geisterhafte Erscheinung ihn anstarrte. Dann erinnerte er sich plötzlich, wie RAM gesagt hatte, wenn du dich der Angst stellst, dann findest du heraus, daß sie kein Gesicht besitzt. Ganz bewußt riß er sich zusammen. Er fühlte, wie sich sein ganzes Wesen in ihm selbst konzentrierte, und mit dieser Veränderung kam der Mut. Seine Furcht verschwand, und ebenso der Geist. Die Kälte verließ die Luft, und ein Gefühl, daß alles in Ordnung war, durchströmte sein Wesen.

Dick war nicht länger müde, und so stand er auf, zog sich an und verbrachte die verbleibenden Stunden der Nacht damit, seine Erfahrung noch einmal zu durchleben. Er staunte über seine unerwartete Fähigkeit, einen derartigen Schrecken in seinem Körper zu überwinden, indem er einfach sein Bewußtsein kontrollierte und sich auf den Kern seiner Existenz konzentrierte. RAM hatte sicherlich recht, sagte Dick. Wenn man sich der Furcht stellt, dann verliert sie ihr Gesicht - und man wird furchtlos.

Komm näher, Kaninchen!

Jack aus Olympia, Washington, erzählte mir 1988 beim Treffen in Snow Mountain in kurzen Worten von seinem Zusammentreffen mit einem Wildkaninchen im Wald.

Jack saß mit seinem Rücken an einen Baum gelehnt und betrachtete die Natur um sich herum. Er schaute gedankenvoll in den hellen und sonnigen Himmel, der mit weißen Schäfchenwolken übersät war. In seiner nachdenklichen Stimmung ließ er sich immer tiefer sinken, bis er schließlich bequem auf der Seite lag.

Eine plötzliche schnelle Bewegung erregte seine Aufmerksamkeit. Er schaute sich um und sah ein großes braunes Kaninchen, das über die Lichtung hoppelte. Welch nettes pelziges Waldtier das war! Jack wünschte sich, es würde näherkommen. Da erinnerte er sich an die Methode, die RAM gelehrt hatte, um sich auf einen Wunsch zu konzentrieren. Jack legte seine Hände in die Triadenform und beschwor das Kaninchen, zu ihm zu kommen. Er fühlte, wie Hitze in seine Hände stieg, und er wußte, daß sein Wunsch jetzt wahr werden würde. Er vervollständigte die schnelle Manifestation mit einem sanften, aber entschiedenen „So soll es sein!", und dieser neu formulierte Wunsch wurde zu seinem Eigentum.

Das Kaninchen hielt inne, um Jack zu studieren. Dann hüpfte es, als wäre es von einem plötzlichen Verlangen getrieben, direkt auf ihn zu, bis es bei seinen Füßen war. Jack lag bewegungslos und schaute mit Ehrfurcht. Das Kaninchen schnüffelte an seinem Fuß. Jack sprach sanft und beruhigend zu dieser unschuldigen Kreatur. Dabei kam das Kaninchen näher und immer näher zu seinem Gesicht. Als es nur noch ein paar Inch entfernt war, zuckte es mit dem Ohr und blickte direkt in Jacks Augen. Jack fühlte, wie die Hitze in seinem Körper anstieg. Er war so voll Freude, daß er sein Vergnügen kaum zügeln konnte. Es gab keinen Zweifel, er hatte das Kaninchen zu sich gerufen.

Offensichtlich war das Kaninchen mit dem zufrieden, was es in Jacks Augen sah und hoppelte zurück zu seinen Schuhen, sprang auf seinen Knöchel, schaute noch einmal zu Jack zurück, zuckte mit dem anderen Ohr und hoppelte unbekümmert in den Wald davon. Schon war es außer Sichtweite.

Lange Zeit lag Jack da und kostete diese Erfahrung aus. Aufgrund dieser süßen Erinnerung wußte er, daß er niemals mehr an seiner jetzt erprobten und wahrhaft göttlichen Fähigkeit zweifeln würde, irgendeinen Wunsch bewußt Wirklichkeit werden zu lassen.

Der Traum vom Pferd

Dies ist eine wunderbare Geschichte von Pavel, einem Meister, der seine gesamte Welt umgekrempelt hat, um ganz bewußt sein Schicksal in die Hand zu nehmen. Pavel sagte, daß er immer schon ein Pferdeliebhaber war. Da er kürzlich von RAM die Kunst des Manifestierens erlernt hatte, entschloß er sich, seinen Lebens-traum von einem eigenen Pferd Wirklichkeit werden zu lassen. Er vertiefte sich vollständig in den Gedanken, stellte sich sogar vor, auf seinem Pferd zu sitzen und in leichtem Galopp über eine sonnendurchflutete Wiese mit bunten Blumen zu reiten. Er füllte seinen Geist vollkommen mit diesem Wunsch.

Tage vergingen, und mögliche Türen öffneten sich, um den Wunsch Wirklichkeit werden zu lassen. Pavel erzählte, daß er an dieser Stelle dann etwas tat, was so viele machen und damit ihre eigene Macht untergraben: Er erzählte jedem von seinem Traum. Plötzlich schlossen sich die Türen wieder, und Pavel fragte sich verwundert, was geschehen war. Als er nachdachte, dämmerte es ihm, daß seine Schwierigkeiten selbstverschuldet waren. Er mußte seinen Mund halten.

Pavel sammelte dann noch einmal seine Energien und erneuerte seine Konzentration, um den gesamten Manifestationsprozeß wieder von vorne zu beginnen. Er hatte eine sehr wertvolle Lektion gelernt. Diesmal würde er seinen Wunschtraum für sich behalten, bis er zur Realität geworden war. Er sagte, er stellte sich genau vor, wie sein Pferd aussehen müsse, sein Fell, seine Statur.

Ein paar Tage später hörte er den Namen „seines" Pferdes, und es wurde ihm zum Kauf angeboten. Da wußte er, daß es sein Pferd war und kaufte es ungesehen. Er schaffte es sogar, eine billige Transportmöglichkeit zur Heimatinsel des Pferdes zu manifestieren. Auf den ersten Blick wußte er, daß seine Entscheidung richtig gewesen war. Welch wundervolles Pferd! Es entsprach in allem dem, was er in seinem Geist heraufbeschworen hatte, bis hin zur Größe und zur Farbe des Felles.

Darüberhinaus besaß es noch das freundlichste Wesen, das sich ein Pferdebesitzer nur wünschen konnte, und es war genau im richtigen

Alter, um trainiert zu werden. Pavels Traum war Wirklichkeit geworden. Er sagte, daß er sich mit jeder derartigen Manifestation noch mehr der Macht des ihm innewohnenden Gottes bewußt werde. Sicherlich sind eine unendliche Zahl von noch viel süßeren Träumen längst auf ihrem Weg zur Wirklichkeit!

$ 80.000 in bar

Ein Meister namens George aus Eatonville, Washington, erklärte mir, wie er die von RAM erlernten Techniken angewandt hatte, um $80000 innerhalb weniger Wochen zu manifestieren.

George war auf der Suche nach dem, was er als perfektes Zuhause ansah und wo er während der kommenden Zeit leben konnte. Er fand es schließlich, aber er hatte genau $80000 zu wenig. Er wußte, daß in seinem Bewußtsein dieses Haus bereits sein Eigentum war, deshalb setzte er sich hin und führte die Manifestations-technik durch, die er von RAM gelernt hatte. Er stellte sich vor, daß die $80000 zu ihm kämen.

Am nächsten Tag fuhr George an einer Hafenmauer entlang und verspürte das äußerst seltsame Verlangen, bei einer Bar anzuhalten und sich eine Flasche Bier zu genehmigen. Nun ist es so, daß George überhaupt kein Bier mag. Aber er erinnerte sich daran, daß RAM immer empfiehlt, Ideen und Gefühlen zu folgen, die an die Oberfläche des Bewußtseins steigen. Deshalb hielt George an, um ein Bier zu trinken.

Kurz danach saß er und nippte an seinem Bier, als er zufällig hörte, wie zwei Männer neben ihm über 500000 Eierkartons sprachen. Einer der Männer sagte, daß er sie loswerden müsse, weil er Platz für ein anderes Geschäft bräuchte. George spitzte seine Ohren. In dem Augenblick, in dem er die Männer von dem großen Überschuß an Eierkartons sprechen hörte, kam ihm in den Sinn, daß Pflanzenproduzenten ihre Setzlinge in Eierkartons pflanzen und möglicherweise interessiert sein könnten, sie zu kaufen.

George stellte sich den beiden Männern vor. Nach einem kurzen Gespräch schrieb er sich Namen und Telefonnummer des Mannes auf, der die überschüssigen Eierkartons besaß, und sagte ihm, er hätte da eine Idee. Falls es klappte, würde er ihn morgen anrufen.

Am nächsten Morgen rief er als erstes eine der größten Pflanzenfirmen im Land an. Der interessierte Unternehmer sagte ihm, daß sie in der Tat zu wenig Eierkartons hätten. Der Unternehmer wollte alle 500000 verfügbaren Kartons kaufen und wollte eine weitere Million davon, falls George sie liefern konnte. Daraufhin rief George den Mann mit den Eierkartons an.

Er kaufte die Kartons und verkaufte sie der Pflanzenfirma mit Profit. Als die Pflanzenfirma ein paar Wochen später ihre Aufträge einstellte, da hatten sie drei Millionen Eierkartons von ihm gekauft! Als George sich seinen Profit ausrechnete, da besaß er etwas über $80000 in bar.

Liebst du dich selbst?

Renee aus New Jersey erzählte, wie sie und alle anderen beim Treffen in Yucca Valley im September 1986 sich auf das Barbaren-Fest freuten. RAM wollte, daß jeder aufgrund eigener Erfahrungen verstehen konnte, daß Messer, Gabeln und Löffel zum Essen nicht nötig sind. In der wirkungsvollen Einfachheit unserer Planung und Erschaffung sind unsere Hände und Finger alles, was wir brauchen, um Nahrung zu nehmen und in unseren Mund zu stecken.

Welch unfeines, aber wundervolles Festmahl unter freiem Himmel es war! Sogar RAM nahm daran teil, nagte das Fleisch von den Knochen und warf die Knochen über seine Schulter nach hinten. Jeder genoß alles in vollen Zügen. Es war eine Lektion über die Rückkehr zu den Anfängen.

Nach dem Festmahl, sagte Renee, sah sie, wie RAM sich in die Menge mischte und jeden umarmte, der ihn darum bat. Sie wollte auch ganz dringend eine Umarmung. Dann bekam sie Angst und kämpfte gegen diesen Wunsch an. Schließlich entschied sie, daß sie wirklich von RAM umarmt werden wollte. Deshalb ging sie absichtlich zu ihm hinüber und stellte sich direkt in seinen Weg. Als RAM jedoch bis zu ihr kam, nickte er ihr nur zu und ging an ihr vorbei. Dann machte er weiter und umarmte andere, die um sie herumstanden.

Renee brach in Tränen aus und zog sich zurück. Als sie so dastand und weinte, kam der wundervoll mitfühlende Meister Robaire zu ihr und legte seinen Arm um sie. Dann umarmte er sie lange und liebevoll. Er fragte, ob er ihr helfen könne. Zwischen den Schluchzern druckste sie heraus, daß sie einfach nur von RAM umarmt werden wollte. „Du willst von RAM umarmt werden?" fragte Robaire, packte sie und zog sie mit sich. „Komm schon, ich bringe dich für deine Umarmung zu RAM."

Robaire ging mit ihr direkt bis zu RAM, der im Augenblick gerade einen anderen Meister innig umarmte. Als er damit fertig war, schaute er Renee an und runzelte seine Stirn. Ein kleines Lächeln kroch über sein Gesicht.

Renee nahm ihren ganzen Mut zusammen und platzte heraus: „Ich möchte eine Umarmung - eine große innige Bärenumarmung!"

RAM hob langsam seinen Kopf und runzelte seine Stirn noch stärker. „Was wirst du tun, wenn ich dir keine gebe?" fragte er.

Als sie ein enttäuschtes Gesicht machte, ging er mit einem mitfühlenden Blick einen Schritt auf sie zu und gab ihr eine mächtige Bärenumarmung. Nachdem er seinen Griff gelöst hatte, sagte sie ihm, daß sie zuvor Angst gehabt hatte, ihn um eine Umarmung zu bitten.

„Bei RAM hast du nichts zu befürchten," sagte er. „Liebst du dich selbst?" Sie dachte einen Augenblick nach. „Ja", antwortete sie.

Der Blick, den RAM ihr zuwarf, war deutlich - er glaubte ihr nicht. Er blickte sie lange und durchdringend an und schaute tief in sie hinein. „So soll es sein", sagte er sanft. Dann drehte er sich um und mischte sich wieder unter die anderen Meister.

Als RAM von ihr wegging, wanderten Renees Gedanken zurück in ihre Vergangenheit, und sie merkte, daß sie sich nicht erinnern konnte, sich je geliebt zu haben. Sie hatte sich immer schuldig und wertlos gefühlt. Sie weinte bis tief in die Nacht hinein, während die lange Geschichte ihres Selbsthasses an ihr vorüberzog.

Am nächsten Morgen stand sie früh mit all den anderen Meistern auf, um die Sonne zu begrüßen. Sie saß und wartete, wartete darauf, daß die Sonne über den Gebirgskamm steigen würde. Genau in dem Augenblick, als der erste golden-feurige Rand sichtbar wurde, begann Renees ganzer Körper zu beben und sich vor Traurigkeit und Sorge zu krümmen. Die Krämpfe schüttelten ihren Körper. Ihr ganzes Leben blitzte wieder vor ihr auf. Sie rief sich lebhaft „diesen Blick" von RAM in Erinnerung. Er wußte es. Plötzlich fühlte sie großes Mitleid und eine große Liebe für sich. Renee sagte, daß sie von diesem Tag an sich genauestens darüber bewußt war, wie sie über sich selbst fühlte. Wenn jetzt eine Situation auftaucht, in der sie Selbstzweifel oder Zurückweisung von anderen erfährt, dann ruft sie sich „diesen Blick" von RAM in Erinnerung und fragt sich: „Liebe ich mich selbst?" Das funktioniert immer. Denn sie liebt sich. Renee fügt noch hinzu, daß ihre neue liebevolle Haltung ihrem eigenen Selbst und dem Leben allgemein gegenüber erst dann geboren wurde, nachdem RAM ihr diesen wunderbar durchdringenden und enthüllenden Blick geschenkt hatte.

Gefahr in diesem Haus

Für diejenigen, die die Autobiographie von JZ Knight „A State of Mind" (Geisteszustand), veröffentlicht von Warner Books, noch nicht gelesen haben, werden die folgenden vier Wunder, die sich in ihrer Lebensgeschichte offenbart haben, den Appetit wecken, dieses Buch sofort lesen zu wollen!

Die erste Geschichte heißt „Gefahr in diesem Haus" und betrifft die ganze Familie. Die zweite heißt „Sarah Lee und Mister Geist" und betrifft die beiden Buben Chris und Brandy. Die dritte Geschichte mit dem Titel „Brandy wird geheilt" konzentriert sich allein auf Brandy. Und die vierte heißt „Ein Wunder in der Kirche" und handelt allein von JZ selbst. Diese vier Wunder werden von mir in diesem Buch nur „kurz angerissen". Sie werden mit klaren und aufregenden Einzelheiten von JZ in ihrem eigenen Buch dargestellt, so daß ihr die gesamte Geschichte dort nachlesen könnt. Ich empfehle euch, das zu tun!

Kurz nachdem RAM zum ersten Mal sichtbar vor JZ erschienen war, sagte er ihr, daß sie und ihre geliebte Familie in schrecklicher Gefahr schwebten, wenn sie in ihrem Haus blieben. Er wies sie an, ihre Familie innerhalb von fünf Tagen aus diesem Haus zu schaffen! Er sagte, ihre Kinder würden von dem träumen, was kommen würde, und sie sollte auf die Träume achten. Er fügte hinzu, daß Kinder so unschuldig sind, daß sie die Fähigkeit besitzen, Dinge zu sehen, die Erwachsene oft nicht sehen, und daß Kinder die Propheten des kommenden Zeitalters sein würden.

Dann sagte RAM zu JZ, daß er bereits Vorbereitungen für ihren Umzug in ein neues Zuhause - ein großes weißes Haus - getroffen habe und daß sie bald den „Boten" treffen würde, der ihr helfen könnte, es zu finden. Zunächst versuchte JZ, die Realität ihrer Verbindung mit RAM und seine schicksalvolle Vorhersage zu verdrängen. Aber ihr Mann war von diesem Erlebnis begeistert und sagte, alles würde gut werden!

In dieser Nacht beugte JZ auf den Knien ihr Haupt und bat Gott um Führung. Keine Antwort kam. Sie weinte lange Zeit. Nach dieser Reinigung fühlte sie sich besser, ging zu Bett und schlief gut.

Am nächsten Morgen wollte sie, nachdem sie die Schulbrotzeit für die Jungen vorbereitet hatte, hinaufgehen, um sie zu wecken. Sie war gerade halb die Treppe hinaufgegangen, als sie ersticktes Weinen hörte. Es kam aus ihrem Zimmer. Sie rannte hinein und fand beide schluchzend vor.

„Was ist los?" fragte sie.

Brandy hörte soweit mit dem Weinen auf, daß er ihr erzählen konnte, was er geträumt hatte: Hippies brachen die hintere Tür ihres Hauses auf und erschossen ihren Papa, während er am Tisch saß. Dann drehte sich einer der Hippies um und erschoß Chris!

Ein Frösteln kroch JZs Rückgrat hinauf. Sie wandte sich Chris zu, der ihr unter Schluchzen erzählte, daß er den gleichen Traum gehabt hatte. Dann sagte Chris, er sei in den Himmel gekommen, um mit Gott zu leben.

Während JZ wie betäubt dasaß und versuchte so zu tun, als wäre alles in Ordnung, kam ihr Mann ins Zimmer. Er half mit, die Buben zu beruhigen, sie nach unten zum Frühstück zu bringen und dann auf den Schulweg. Sobald sie aus der Tür waren, drehte er sich zu JZ um und sagte, er habe alles gehört. Und er gab ihr das feierliche Versprechen, bis zu dem Tag der Gefahr bereits aus dem Haus zu sein. JZ protestierte schwach, sah aber allmählich ein, daß es sinnvoll war, und stimmte seiner Forderung zu.

Ein paar Stunden später fuhr sie durch ein Geschäftszentrum, als sie eine laute Stimme in ihrem Kopf hörte, die ihr auftrug, bei einem Maklerbüro anzuhalten und nach einem großen weißen Haus zu fragen. Genau in diesem Häuserblock war ein Maklerbüro. Wie im Traum hielt sie ihr Auto an. Was sollte sie sagen? Die Stimme sprach noch einmal und wies sie an, nach Roy zu fragen.

Es gab tatsächlich einen Verkäufer namens Roy, der hier arbeitete. Er fuhr mit ihr hinaus, um ein Haus anzuschauen, das auf den ersten Blick wie ein „weißer Elefant" aussah. Auf den zweiten Blick sah sie jedoch die Möglichkeiten, die in diesem Haus steckten, und entschloß sich, es zu kaufen. Roy war entsetzt, als sie ihm sagte, daß sie und ihre Familie bereits bis Freitagabend eingezogen sein wollten! Als er sich von seinem Schock erholte, merkte er, daß sie es ernst meinte, und er traf Vorbereitungen, damit sie am Freitag das Haus in Besitz nehmen konnten.

JZ und ihr Mann brachten an diesem Freitagabend in Eile ein paar persönliche Sachen mit in ihr neues Heim. Sie verbrachten dort die Nacht und wachten am Samstagmorgen früh auf. Nach dem Frühstück fuhren sie zu ihrem alten Haus zurück, um noch einiges zu holen. Die Buben wollten mitkommen, so daß sie nur für wenige Sachen Platz hatten, aber die Möbelpacker würden das meiste in der nächsten Woche bringen.

Als sie bei ihrem alten Haus ankamen, dachte ihr Mann an die Träume und bat JZ und die Buben, im Auto zu warten, während er sich einmal kurz umsah. Er kam schnell zum Auto zurück, mit aschfahlem Gesicht und weit aufgerissenen Augen. Er sagte ihnen, daß die Tür eingeschlagen und das Haus verwüstet sei.

JZ ging hinein und war von der totalen Zerstörung schockiert. Sie dankte, daß sie und ihre Familie von diesem Alptraum verschont geblieben waren. Aber sie hatte noch nicht gelernt, RAM voll und ganz zu vertrauen und anzuerkennen. Sie hatte immer noch die Furcht in sich, daß er der Teufel sein könnte!

Sarah Lee und Mister Geist

Beim Rundfunksender, bei dem JZ arbeitete, ging das Telefon. Es war ihr Hausmädchen Sarah Lee. Sie sprach rasend schnell, mit schierer Panik in der Stimme. Als JZ sie so weit beruhigt hatte, daß sie zusammenhängend sprechen konnte, erzählte ihr das Hausmädchen, daß in ihrer Küche ein Geist erschienen und durch das Haus gewandert sei. Sie und die Buben waren in Brandys Zimmer und hatten die Tür abgeschlossen. Sie bat JZ, sofort heimzukommen und sie zu retten!

JZ war völlig verwirrt, wußte aber, daß dies eine echte Notlage war, und fuhr eilig nach Hause. Sarah war immer noch hysterisch vor Angst und wollte die Tür von Brandys Zimmer nicht aufschließen, bis sie absolut sicher war, daß JZ davor stand. Die beiden Buben stürzten sich in die Arme ihrer Mutter. Sarah Lee weigerte sich, das Zimmer zu verlassen. Sie saß da und schwankte vor und zurück, schüttelte ihren Kopf und stöhnte über Gespenster.

JZ fragte die Buben, was geschehen war. Sie erzählten ihr alle beide, daß Mister Geist (RAM) in die Küche gekommen war. Sarah Lee hatte sofort seine Gegenwart gespürt, konnte ihn aber nicht sehen. Als beide Buben aufgeregt „Hallo, Mister Geist!" riefen, bekam Sarah Lee solche Angst, daß sie die Eier, die sie gerade briet, die Pfanne und alles andere in die Luft warf und zitternd vor Angst stehenblieb.

Sie schaute zu, wie die beiden Kinder lachend hinter irgendeiner unsichtbaren Gestalt herliefen und in Chris' Zimmer gingen. Sarah Lee konnte sehen, wie sich ein überzähliges Paar riesiger Fußabdrücke in den Plüschteppich drückte und mit den Buben entlangging, während diese aufgeregt mit ihrem geisterhaften Freund plauderten. Ein Wind schien ihnen zu folgen. Sarah Lee stand vor Angst wie zu Eis gefroren da.

Die Buben kamen zurückgelaufen, um ihr die gute Nachricht zu bringen! Mister Geist hatte ihnen erzählt, er würde mit ihnen nach Waco, Texas, umziehen! Die Buben sprangen vor übergroßer Freude buchstäblich auf und ab und klatschten vor Begeisterung in die Hände. Sie fügten hinzu, sie hätten geweint, wenn Mister Geist nicht mit ihnen hätte umziehen können, weil er ihr Freund war. Das brachte Sarah

Lee zurück in die Wirklichkeit. Sie packte das Telefon und schob die Buben vor sich her in Brandys Zimmer, schlug hinter ihnen die Tür zu und versperrte sie. Dann rief sie ganz aufgelöst JZ an, damit sie sofort heimkam.

JZ sah ins Wohnzimmer und konnte deutlich das große Paar Fußabdrücke sehen, das sich in den Teppich gedrückt hatte. Sie wußte nicht, was sie von diesem seltsamen Geschehnis halten sollte. Deshalb setzte sie sich zu ihren Söhnen und bat sie, ihr langsam noch einmal zu erzählen, was geschehen war. Die Buben waren erleichtert festzustellen, daß sie nicht in irgendwelchen Schwierigkeiten steckten und wiederholten ihre Geschichte gern noch einmal.

Als JZ fragte, ob sie vor Mister Geist Angst hätten, da schüttelten beide den Kopf und sagten, daß sie ihn sehr mochten. „Er ist unser Freund. Er ist richtig groß, wie Superman, und er kommt uns besuchen. Und er ist wirklich schlau, wie Tinker Bell. Er ist echt nett, Mami." Brandy erzählte ihr, daß einmal, als er einen schlimmen Traum gehabt hatte, Mister Geist erschienen war und das Zimmer für ihn hell gemacht hatte, so daß er keine Angst mehr hatte. Beide Buben sagten, daß Mister Geist immer in der Nähe war und daß er ihr Freund war.

Als JZ fragte, warum sie ängstlich geschaut hatten, als sie nach Hause gekommen war, da antworteten sie, weil Sarah Lee ihnen erzählt hatte, Mister Geist sei in Wirklichkeit der Teufel. JZ lachte und sagte, daß es keinen Teufel gäbe. Das sei nur etwas, was Sarah Lee glaubte, weil sie ihren geisterhaften Freund nicht sehen konnte und er ihr deshalb Furcht einflößte.

Brandy überlegte: „Wenn Mister Geist ein böser Kerl wäre, dann hätte er uns schon weh getan, und das hat er nicht." JZ mußte sich über die Ironie wundern, daß es Sarah Lees Aberglaube und Hysterie gewesen waren, die ihre Söhne geängstigt hatten, und nicht ihr ungewöhnlicher Freund Mister Geist.

Brandy wird geheilt

JZs Sohn Brandy hatte eine ernstzunehmende Allergie entwickelt. Die Ärzte sagten ihm, daß er fünf bis zehn Jahre lang jede Woche eine Allergie-Spritze bekommen müsse. JZ war durch diese Nachricht am Boden zerstört. Einige Monate lang ging Brandy jeden Mittwoch zum Arzt, um seine Injektion zu bekommen.

Eines Tages, als JZ in ihrem Schlafzimmer war und las, kamen Brandy und sein Schulfreund ins Zimmer gerannt. Brandy war fast in Tränen aufgelöst. Seine Finger waren so schlimm angeschwollen, daß er sie kaum bewegen konnte. Sogar schon eine leichte Bewegung verursachte ihm große Schmerzen. JZ versprach, sofort den Arzt anzurufen.

In diesem Augenblick war das Zimmer jedoch plötzlich von Wind erfüllt. Die Fenster waren aber geschlossen. JZ drehte sich um und sah RAM am anderen Ende des Zimmers stehen. Da Brandys Freund da war, wagte JZ nicht, laut zu sprechen. Sie zuckte nur mit den Schultern und sandte RAM einen flehentlichen Blick, der besagen sollte: „Kannst du meinem Sohn helfen?"

In ihrem Kopf hörte JZ, wie RAM zu Brandy sagte, er solle einen Schritt nach vorne kommen, und zu ihr, sie solle seine Worte für den Jungen wiederholen. JZ schaute nervös auf die Buben, um zu sehen, ob einer von ihnen RAM gesehen oder gehört hatte. Beide ahnten jedoch von seiner Anwesenheit nichts. Sie rief Brandy zu sich. Er setzte sich neben sie auf das Bett. JZ wartete darauf, daß RAM sprach. RAM ließ Brandy fragen, ob er wisse, daß er von Gott geliebt werde. JZ übermittelte das. Brandy schaute in ihre Augen und sagte einfach „Ja".

Die Worte RAMs wiederholend fragte JZ Brandy dann: „Weißt du, daß Gott in dir lebt?" Brandy sagte wieder „Ja". Eine süße Unschuld strömte aus ihm. JZ sagte, daß ihr das Herz weh tat und Tränen ihre Augen überfluteten. Und noch einmal wiederholte sie die Worte, die RAM sprach: „Meister Brandon, Gott, der in dir lebt, hat dich heil gemacht. So soll es sein."

Brandy blickte vertrauensvoll in ihre Augen und wiederholte den Satz: „Mein Gott, der in mir lebt, hat mich heil gemacht. So soll es sein!"

JZ nahm ihre Hände von seinen und schrie vor Freude, als sie sah, daß die Schwellung ganz verschwunden war. Die Hände waren vollkommen geheilt. Brandy sprang auf und rief seinem Kameraden überglücklich zu, daß er geheilt war! Sein Freund schaute ihn mit vor Staunen geweiteten Augen an. JZ schaute auf RAM, ihre Tränen flossen jetzt im Übermaß. Sie dankte ihm, daß er ihren kleinen Jungen geheilt hatte. Sie sagte ihm, daß sie ihn inniglich dafür liebe.

RAM lächelte. Er sagte ihr, daß Brandon sich selbst geheilt hatte, daß sowohl er als auch JZ nur einfach die Überbringer der Botschaft waren, daß Brandy die Wahrheit der Heilung sehen und erkennen konnte. RAM sagte weiter, daß ihr Sohn in der Zukunft durch manche dunklen Tage gehen werde, aber daß er alle durchstehen werde. Eines Tages jedoch würde er eine große Tat für die Menschheit tun und mit Verständnis auf den wertvollen Tag zurückblicken, an dem er geheilt wurde.

Am nächsten Tag rief JZ in der Praxis an, um die Termine für Brandys Injektionen abzusagen. Sie erzählte dem Arzt von der plötzlichen Heilung ihres Sohnes. Der Arzt war erstaunt, aber er gab zu, daß „Gebete" manchmal die allerbeste Medizin sein können!

Ein Wunder in der Kirche

Ein Wunder ist immer ein Wunder, einzigartig im Verlauf seines Geschehens. Aber von allen Wundern, von denen JZ in ihrem Buch berichtet, hat mich das eine am meisten berührt, als JZ plötzlich von einer tödlichen Krankheit geheilt wurde. Sie hatte Krebs im Endstadium, und die Ärzte sagten, sie könnten im Krankenhaus nichts mehr für sie tun. Deshalb wurde sie nach Hause geschickt. Sie litt ständig unter großen Schmerzen und betete täglich darum, geheilt zu werden. Ein paar Tage nach ihrer Rückkehr aus dem Krankenhaus kam Frank, ein früherer Angestellter, zu ihr zu Besuch. Frank hatte die Absicht, Joan zu heiraten, eine Frau, die ein begeistertes Mitglied einer örtlichen religiösen Gruppe von Wiedergeborenen war. An diesem Nachmittag sollte eine Erweckungsveranstaltung stattfinden. Frank bat JZ, mit ihnen hinzugehen.

JZ mochte keine Priester, die von Teufel, Hölle und Verdammnis predigten, deshalb wollte sie entschieden ablehnen. Aber diese Erweckung sollte für die Heilung Kranker sein, und als sie sah, wieviel ihr Kommen Frank bedeutete, willigte sie ein mitzukommen.

Die Versammlung wurde in einem großen Zelt veranstaltet. Als JZ, Frank und Joan ankamen, rief der Priester bereits die Kranken zu sich nach vorne. Einige hundert Leute waren da, die meisten von ihnen bewegten sich in religiöser Ekstase, sangen und schwankten hin und her. Frank half JZ, den Gang nach vorne zu gehen und sich vor den Priester hinzustellen. Er hatte seine Hände auf den Kopf einer Frau gelegt, während er darum bat, daß sie von Satan und dem Zorn Gottes gerettet werde. Die Frau schloß ihre Augen, schluchzte, schwankte und griff sich an den Kopf, während der Priester sie anwies, dem Satan zu widersagen. Gleichzeitig bat er die ganze Gemeinde für diese verlorene Seele zu beten.

JZ war ohnehin schon übel, und es brachte sie fast zum Würgen, als sie sah und hörte, wie der Priester mit weinerlicher Stimme die alte Frau anflehte, doch dem Satan abzuschwören. Als er die Behandlung der alten Frau beendet hatte, winkte er JZ näherzukommen.

Sie trat mit abweisendem Blick nach vorne. Während sie ihn rundheraus anblickte, sagte sie ihm, daß sie Gott mehr liebte als er, daß es

Satan nicht gäbe, und daß, wenn die Leute Gott wirklich verstehen könnten, sie nicht an Sünde oder Böses glaubten. Sie sagte, sie müsse sterben, und wenn er ihr die Hände auflege, dann solle er lieber als einer, der Gott liebt, für sie beten, und er solle es nur ja nicht wagen, Satan zu erwähnen.

Erschreckt und ungläubig starrte der Priester sie an. Er war unfähig, seine Furcht zu verbergen. Langsam legte er seine Hände auf ihren Kopf, als sie ihn neigte. Ehe er jedoch ein Wort sagen konnte, blickte sie noch einmal auf und erinnerte ihn noch einmal daran, niemanden außer Gott in seinem Heilungsgebet zu erwähnen.

Der zitternde Priester war jetzt gründlich eingeschüchtert. Er erhob seine Augen und rief mit lauter, zitternder Stimme aus: „Gott, unser Vater, sieh auf dieses Kind. Erhöhe ihr Leben, damit sie geheilt werden kann. Gott, o mein Gott!" Genau in diesem Augenblick stach ein Strahl aus blauem Licht wie ein Blitz von der Spitze des riesigen Zeltes herab. Die Elektrizität und das blaue Licht gingen direkt durch JZs Körper hindurch.

Der Stromstoß war so intensiv, daß der Priester und die neben ihm stehende Frau umgeworfen wurden und flach auf den Boden fielen. Die gesamte Gemeinde war Zeuge dieses außerordentlichen Heilungswunders und staunte. Eine atemlose Stille folgte. JZ fiel nicht um. Sie stand dankbar da und wußte, daß Gott ihre Gebete um Heilung erhört hatte.

Allmählich begann die Gemeinde zu murmeln. Das Geräusch wuchs langsam zu Schreien und Stöhnen an. Taumelnd stand der Priester wieder auf und blickte auf JZ. „Wer bist du?" fragte er.

„Ich bin Eigentum Gottes", lautete ihre ruhige Antwort.

Frank tauchte neben ihr auf und nahm ihre Hand, um sie wegzuführen. Sie lächelte ihn an. „Ich fühle mich anders, Frank. Die Schmerzen sind weg!"

„Wir müssen hier raus, bevor sie auf uns einstürmen", sagte Frank. Er und Joan zogen sie mit sich. Als sie in Eile zum Auto zurückgingen, erzählte Frank ihr, daß er den Lichtstrahl von seinem Platz aus gesehen hatte. Er fragte sie, ob sie etwas gespürt hätte.

Mit weicher Stimme erzählte JZ ihm, daß es sich angefühlt hätte, als würde ein elektrischer Energieschub sie durchdringen. Überrascht sagte Frank, daß es ausgesehen hatte, als würde sie von einem mächtigen Blitzstrahl getroffen werden. Als sie das Auto erreichten, war es bereits dunkel. JZ schaute nach oben und bemerkte, daß die Sterne noch nie so hell geleuchtet hatten. Sie waren wie Kristalle, die so nah aussahen, als könnte man hinauflangen und sie berühren.

Joan brach immer wieder in Weinen aus und wimmerte, daß Jesus sie gerettet habe. JZ sah ihr direkt in die Augen und sagte zu ihr: „Nein, Joan. Jesus hat mich nicht gerettet." Und mit einem breiten Lächeln sagte sie ihr, daß sie sich durch ihr Vertrauen in Gott selbst gerettet hatte.

Früh am nächsten Morgen ging JZ zurück ins Krankenhaus und bat den Arzt, der sie behandelt hatte, ihr Blut so schnell wie möglich analysieren zu lassen. Sie wollte auf die Ergebnisse warten. Als der Bericht dem Arzt gegeben wurde, konnte er es nicht glauben. Er sagte ihr, daß es absolut keine Spur einer Erkrankung gäbe. Sie war vollkommen geheilt!

Ich liebe mich selbst noch mehr

Für mich ist die Geschichte von einem Meister namens George, der in seinen Einstellungen und in seiner Lebensführung eine Kehrtwendung um 180 Grad gemacht hat, besonders beeindruckend. Zu einer gewissen Zeit besaß George einmal fünf große und gut gehende Hamburger-Filialen. Er hatte über 500 Angestellte und 25 Manager, die für ihn arbeiteten.

George hatte sich von einem kleinen Anfang bis zum großen Erfolg hinaufgearbeitet. Seine Familie - seine Frau, Kinder, Eltern, Geschwister - waren ausgesprochen stolz auf ihn. Seine Zwillingsschwester hielt ihn für ein Genie, was George inzwischen zugibt, wirklich zu sein.

Der fortdauernde Stress der Geschäftserweiterung erreichte für George eines Tages einen endgültigen Höhepunkt. Er mußte dringend eine Pause einlegen und einen ausgiebigen, langen Blick auf seinen gesamten Lebensstil werfen. Es schien, daß er jahrelang jede wache Minute damit zugebracht hatte, sein Geschäft immer mehr zu vergrößern und immer reicher und reicher zu werden! Er war bereits ein Multimillionär - „Warum um alles in der Welt will ich noch mehr?" fragte er sich. Je mehr er sich ernsthaft damit beschäftigte, desto mehr stellte er fest, daß er an einer lebenswichtigen Kreuzung in seinem Leben angelangt war. Sollte er zu neuen und unbekannten Abenteuern aufbrechen, oder sollte er so weitermachen wie bisher, mit den gleichen langweiligen, langweiligen und nochmals langweiligen Erfahrungen und den gleichen langweiligen, langweiligen und nochmals langweiligen Problemen? Er entschloß sich, eine Woche frei zu nehmen und in dieser Zeit alles zu durchdenken.

Die Woche des Nachdenkens und einfach nur „Seins" wurde zu zwei Jahren! George lebte in der Wildnis und machte nichts, als jeden Tag die Natur und sich selbst voll Freude zu erforschen. Während dieser beiden Jahre leitete seine Frau das Geschäft. Aber während der ganzen Zeit drängten ihn alle aus seiner Familie - Frau, Kinder, Eltern, Geschwister - „aufzuwachen und die Realität zu sehen", zurückzukommen und sein Geschäft noch mehr zu vergrößern und sein Reich noch weiter auszudehnen!!

George hörte ihren Argumenten und Bitten gedankenvoll zu, aber er entdeckte allmählich, daß seine Liebe zu sich selbst größer war als jede andere Liebe. Sein Glück, nicht das ihre, stand für ihn an erster Stelle. Sie waren für sich selbst verantwortlich.

Schließlich traf er eine Entscheidung. Er wollte alles zurücklassen - das riesige Reich, sein palastartiges Zuhause, seine Frau, seine Kinder und seine Verwandten. Die Last der ganzen Welt fiel von seinen Schultern! Als er seine Entscheidung, zu gehen und alles seiner Frau zu überlassen, bekanntgab, war seine gesamte Familie wütend. Wie konnte er es wagen, seine Pflicht und Verantwortung seiner Familie gegenüber aufzugeben? Wie konnte er nur so egoistisch sein? Freunde und Familie stellten sich wütend gegen ihn. Bis heute hat seine Zwillingsschwester nicht mehr mit ihm gesprochen. George wurde der Geächtete der Familie, ein verrückter, selbstsüchtiger Radikaler, der nicht länger geliebt, geehrt oder bewundert wurde.

George sagte, daß es ihm nicht wirklich etwas ausmachte. Er verstand ihre Wut. Als er ging, verbrachte er noch einige Zeit in der Wildnis und begann dann, auf den Ozeanen herumzusegeln. RAM war ein wichtiger Teil seines Lebens. Allmählich erreichte George einen Punkt, an dem er sich entschloß, sich selbst ein bescheidenes Heim einzurichten. Da George mit den Lehren RAMs über Manifestation sehr gut vertraut war, fand er es immer leichter, all das zu manifestieren, was er sich wünschte. Es war ihm möglich, ein gemütliches Zuhause zu finden. Dann kam ihm auch prompt eine Idee, die ihm all das Geld einbrachte, das er brauchte, um dafür zu bezahlen.

Heute fühlt er sich wohl und auf unzählige Arten reich, völlig unabhängig. Er verläßt sich in keinerlei Hinsicht auf irgendjemand anderen. Er hat ein bescheidenes Haus und genug Land, um Ackerbau zu treiben, er besitzt ausreichend Vorräte und hat Tiere, die er liebt. In meinem Buch ist George „einer unter einer Milliarde", ein Mann, der sich selbst bewiesen hat, daß er das wahre Gold der inneren Weisheit weit mehr liebt als das „Gold der Dummen" auf dem Marktplatz der Welt.

George sagt: „Ich liebe mich selbst mehr als all das Zeug, das ich zurückgelassen habe. Ich bin jetzt ein viel reicherer Mann als je zuvor." Das ist er ganz sicherlich!

Leere Hände werden gefüllt

RAM läßt nie eine Gelegenheit ungenützt vorbeigehen, um eine Lehre weiterzugeben, wie Audrey aus North Carolina uns berichtet.

Es war der letzte Tag des Septembertreffens 1986 in Yucca Valley, und es war eine riesige Zuhörerschar anwesend. Der Augenblick kam, als RAM seinen letzten Gruß an die Zuhörerschaft richten sollte. Sehr zu ihrer Bestürzung bemerkte Audrey, daß sie nach der vorangegangenen Sitzung vergessen hatte, ihr Wasserglas wieder aufzufüllen, und jetzt war ihr Glas also leer. Sie wollte aber in der Lage sein, in den Segensspruch mit RAM einzustimmen.

Sie hoffte, daß der neben ihr stehende Meister ihr Dilemma bemerken und ihr Glas füllen würde, aber Audrey sah, daß er ganz intensiv in seine eigene Gedankenwelt versunken war. Sie blickte hilflos auf RAM, als er sein Glas ganz hoch hielt. Was sollte sie machen?

In ihrem verzweifelten Wunsch, bei diesem abschließenden Segensspruch der Gruppe teilhaben zu können, entschied sie, daß sie es im Geiste tun konnte, wenn schon nicht in Wirklichkeit mit Wasser. Sie hob eine leere Hand hoch und hielt sie in die Höhe, als ob sie ein Glas mit Wasser halten würde. Der Spruch wurde gesagt, und jeder trank. In dem Schweigen, das darauf folgte, richtete RAM seine Augen auf sie. Mit seinem eigenen Glas Wasser in der Hand schritt RAM von der Bühne herunter und ging dahin, wo Audrey stand. Ohne etwas zu sagen, streckte er ihr die Hand hin und bot ihr an, aus seinem Glas Wasser zu trinken. Der Blick voll Liebe und Mitgefühl in seinen Augen übertraf alle Worte. Die Freundlichkeit und Anmut dieser Handlung machte es ganz deutlich, daß jeder geliebt wird, daß RAM jeden kennt und anerkennt.

Mit Tränen in den Augen nahm Audrey den wertvollen Trank von RAM entgegen und dankte ihm mit gerührter Stimme. Immer noch ohne ein Wort zu sagen, nickte er und ging zurück auf die Bühne. Er sprach seine abschließenden Worte an die Zuhörer und beendete damit das Treffen.

Für Audrey war es ein höchst bewegender Augenblick in ihrem Leben, ein Augenblick, den sie für immer in ihrem Herzen bewahren wird.

Hunde kennen nichts Böses

Diese Geschichte stammt aus Michigan von einem Meister namens Mike und seinem Apportierhund Sammy. Im Alter von zehn Monaten war Sammy immer noch ein Nichtsnutz. Und mit jedem Tag wurde Mike ärgerlicher über Sammy.

Sammy buddelte immer Löcher - entweder in den neu angesäten Rasen, den Gemüsegarten, die Blumenbeete oder in den alten Rasen. Er zerkaute alles, was in seiner Reichweite lag, und übersäte den Vorgarten ständig mit Holzstücken, Fetzen von frisch zerkautem Karton oder Papier und alten Blechdosen, die er in einer nahegelegenen Schlucht ausgebuddelt hatte. Und jedesmal, wenn Sammy wie ein Wilder durch den Garten sauste, passierte es, daß er die schönsten Blumenstöcke und Gemüsepflanzen umwarf und/oder zertrampelte.

Um die ganze Sache noch schlimmer zu machen, bestand Sammy darauf, an jedem Neuankömmling, der in Mikes Haus auftauchte, hochzuspringen. Da er höchstwahrscheinlich kurz zuvor irgendwo ein neues Loch gebuddelt hatte, waren seine Pfoten und seine Schnauze von schwarzem Schmutz bedeckt. Sammy sprang an den Gästen hoch, sobald sie aus dem Auto stiegen. Noch bevor Mike sie warnen konnte, hatten ihre hübschen Kleider und hellen Hosen große schwarze Abdrücke von Sammys Pfoten und seiner Schnauze. Wer bekam natürlich dann das gezwungene, säuerliche Lächeln oder den wütenden Blick? Ganz sicher nicht Sammy!

Mike fing bereits an zu glauben, daß Sammy sich vorsätzlich Sachen ausdachte, um ihn und alle anderen absichtlich zu verärgern, während er selbst eine überaus freundliche Atmosphäre um sich verbreitete, um alle Leute zu täuschen. Sammy schien immer genau das Falsche zu tun. Eines Tages schimpfte Mike ihn wegen einer weiteren boshaften Tat. Da senkte Sammy seinen Kopf, als fühlte er sich schuldig. Da war Mike sich sicher, daß er diese Dinge mit Absicht plante.

An einem sonnigen Morgen ging Mike ziemlich früh vor die Tür und fand wieder einmal Abfall und Holzstücke auf dem Rasen vor dem Haus verstreut. Sammy hatte es wieder getan! Voll Abscheu bückte sich Mike, um die Holzstücke vor seinen Füßen aufzuheben, als ein erschreckender Gedanke ihm durch den Kopf schoß: „Hunde können richtig oder falsch nicht erkennen, sondern sie unterscheiden nur Vergnügen oder Schmerz!"

Mike erinnerte sich daran, wie RAM deutlich gemacht hatte, daß die Natur unser bester Lehrer sein kann, und wenn wir ihr Aufmerksamkeit schenken, werden wir verstehen lernen und an Weisheit wachsen. Mike setzte sich hin und dachte nach. Er überlegte, daß Hunde völlig unschuldig nur im Augenblick leben und nur der momentanen Wahl zwischen Vergnügen oder Schmerz folgen. Sie suchen natürlich das nächstbeste attraktive Vergnügen und vermeiden immer alles, was Schmerzen bereitet. Hunde kennen nichts Böses!

„Was für ein großartiger Gedanke!" sagte Mike laut zu sich selbst. „Hunde wissen nur, wie man im Jetzt, im Augenblick lebt und greifen immer nach der nächstbesten Erfahrung, die das Leben ihnen bietet", dachte er im Stillen. Er lächelte in sich hinein.

Als er sah, wie Sammy mit einem freundlich wedelnden Schwanz herumlief, da fühlte er in sich plötzlich eine ganz neue Welt des Verständnisses für ihn auftauchen. Er gab Sammy ein paar liebevolle Klapse und ging dann hinein, um seinen wunderbaren, höchst befreienden Gedanken Angie, der Frau, die er liebte und mit der er zusammenlebte, mitzuteilen. Angie schätzte seine Enthüllung in höchstem Maße und dankte Mike, daß er diese Erfahrung mit ihr geteilt hatte. Sie fühlten beide, daß sie eine neue Haltung Sammy gegenüber hatten.

Bis heute sagt Mike, daß er ein neuartiges Gespür und Verstehen für die wertvolle Unschuld aller Tiere hat. Er war froh über den Rat von RAM, die Natur unseren Lehrmeister sein zu lassen. Mike fühlte, daß er an diesem Tag in seiner Seele ein großes Stück gewachsen war!

Die Vision vom Seil

Diese wundervolle Geschichte stammt von einer Meisterin aus Tenino, Washington. Sie heißt Elizabeth.

Es war Wochenende, und Elizabeth plante, allein einen schon lang ersehnten Ausflug in eine einsame Gebirgsgegend zu machen. Sie wußte genau, wohin sie fahren wollte. Ihr Ziel lag am Ende einer kurvigen, engen Schotterstraße. Die Straße wurde selten benutzt, aber sie war passierbar. Sie packte eilig Lebensmittel ein, sprang in ihren kleinen Pick-up und begann die mehrere Stunden dauernde Fahrt hinauf in die Wildnis der Berge.

Schon bald begann ihr Pick-up lustige klickende Geräusche unter der Motorhaube zu machen. Aber er schien immer noch zu funktionieren. Elizabeth hatte es eilig, ans Ziel zu kommen. Sie entschloß sich zu warten, bis sie dort ankam, und dann nachzusehen, woher das Geräusch kam und was die gelegentlichen ruckenden Bewegungen verursachte. Elizabeth fuhr zügig weiter.

Sie war auf der kurvigen Schotterstraße und näherte sich dem Gipfel, als die Geräusche und das Rucken anfingen, besorgniserregend zu werden. Sie war schon fast am Ziel und beschloß, bis zu ihrem Lagerplatz weiterzufahren und dann anzuhalten und nachzuschauen. Als sie um die letzte Kurve bog, rüttelte und klapperte der Pick-up beträchtlich. Am Ende der Straße hielt sie an. „Ich habe es geschafft!" dachte sie erleichtert. Unter der Motorhaube quoll Rauch hervor.

Mit einem Seufzer kletterte Elizabeth aus dem Pick-up und öffnete die Motorhaube, um zu sehen, was solch einen Krach machte. Ihr Gesicht wurde besorgt. Es war schlimmer, als sie gedacht hatte. Auf der einen Seite des Ventilators und des Motors hatte sich ein Bolzen gelockert, deshalb war der Keilriemen fast vollständig abgerissen und bestand nur noch aus ein paar Fäden, die an der Seite hingen.

Sie stöhnte. „Was nun?" Wie sollte sie jemals wieder den Berg hinunterkommen? Sie wußte, daß sie den Motorbolzen wieder am Ventilator befestigen und damit das Problem beseitigen konnte. Es gab jede Menge Wasser im nahe gelegenen Fluß. Sie konnte Wasser holen und den Kühler wieder auffüllen. Die große Herausforderung war, daß sie keinen Ersatzriemen für den Ventilator hatte, und ohne den Ventilator, das wußte sie, würde sich der Pick-up überhitzen und der Motor in Brand geraten. Was konnte sie tun?

Sie beschloß, daß sie dieses Problem irgendwie lösen und bei der passenden Gelegenheit wissen würde, was sie zu tun hatte. Sie rief zum Herrn und Gott ihres Lebens, daß er ihr die Antwort schicken möge. Dann streckte sie sich im Gras aus, um die Einsamkeit zu genießen, die zu erleben sie hierher gekommen war. Sie kam zur Ruhe und versuchte, sich zu entspannen. Aber der Gedanke, hoch oben in den Bergen am Ende einer selten benutzten Straße festzusitzen, kehrte immer wieder.

Als sie über eine Lösung nachgrübelte, tauchte ein seltsames Bild oder eine Vision vor ihrem inneren Auge auf. Sie sah sich selbst vor einem bunten Indianerzelt sitzen und aus dem langen Gras zu ihren Füßen ein Seil flechten. Die Vision verschwand, und sie wunderte sich, warum und woher sie gekommen war. Als sie sich wieder zurücklehnte, kam die gleiche Vision wieder in ihren Geist zurückgeschwebt. Als Indianerin saß sie mit gekreuzten Beinen auf dem Boden, nahm büschelweise lange Grashalme und flocht langsam und sorgfältig das Gras in ein dickes grünes Seil.

Elizabeth kniff die Augen zusammen und runzelte die Stirn vor angestrengtem Nachdenken. Warum tauchte diese Vision immer wieder vor ihren Augen auf? Plötzlich ging ihr ein Licht auf. Sie sprang voll Freude auf ihre Füße. „Das ist die Antwort!" rief sie jubilierend den Bäumen und Felsen zu. „Ich kann dieses hohe Gras zu einem Keilriemen flechten!"

Sie dankte dem ihr innewohnenden Vater, während Tränen der Dankbarkeit aus ihren Augen rollten. Sie wußte absolut sicher, daß es funktionieren würde. Sie verbrachte einen Teil des Tages und des nächsten Morgens damit, einen Keilriemen zu flechten und die anderen Reparaturen am Pick-up vorzunehmen. Sie probierte ihren aus Gras geflochtenen Keilriemen aus. Er saß fest und stramm. Sie füllte den Kühler auf. Als sie den Motor anließ, schnurrte der Pick-up. Sie schrie und jubelte vor Freude!

Elizabeth lächelte den ganzen Weg, während sie den Berg wieder hinunterfuhr. Sie fühlte sich, als läge die ganze Welt in ihren Händen und als wäre sie zu allem fähig. Am Fuße des Berges erreichte sie wieder die Hauptstraße und hielt in der ersten größeren Ortschaft an, durch die sie kam.

Sie fuhr in die erste Werkstatt hinein, die sie sah. Sie sagte dem Mechaniker, daß sie nur zwei Dollar dabei hätte, daß sie aber einen Keilriemen brauchte. Der Mechaniker lächelte und sagte, er glaube, er könne die Sache für das Geld in Ordnung bringen. Als er unter die Motorhaube sah und den aus Gras geflochtenen Keilriemen sah, blieb ihm die Spucke weg!

Anstatt ihm die ganze wundervolle Geschichte zu erzählen, lachte Elizabeth nur und sagte, daß dies das einzige war, was ihr eingefallen war. Dann fügte sie hinzu: „Und es hat funktioniert!" Der Mechaniker schüttelte den Kopf vor Staunen und Verwunderung, während er den Grasriemen abnahm und durch einen konventionelleren Riemen ersetzte.

Elizabeth sagt, daß sie den Keilriemen aus Gras behalten hat, damit er sie immer daran erinnert, daß sie in sich selbst völlig unabhängig ist. Die Antworten auf alle Herausforderungen im Leben sind wahrhaft in deinem Inneren zu finden.

Afrikanische Veilchen

Grant, ein wundersamer Meister aus Kalifornien, erzählt uns von seiner herrlichen Erfahrung mit einem großen Topf voll afrikanischer Veilchen. Die Veilchen gehörten einer Freundin, mit der sich Grant schon seit Jahren traf. Sie hatte sie getreulich gegossen, gehegt und gepflegt, aber in mehr als zehn Jahren hatten sie niemals auch nur ein Anzeichen gegeben, daß sie jemals blühen wollten.

Eines Tages während eines Umzugs aus ihrer Eigentumswohnung sagte sie zu Grant, daß sie von ihren wertvollen afrikanischen Veilchen zutiefst enttäuscht war. Was sie selbst betraf, so glaubte sie, daß sie niemals blühen würden. Sie hatte alles versucht, aber sie machten keine Andeutung für den Wunsch, je in die ihnen vorbestimmte Schönheit aufzublühen. Sie sagte, er könne sie haben, wenn er wolle.

Grant, der alle lebenden grünen Dinge liebt, stimmte schnell zu, daß er ihr neuer Eigentümer und Pfleger sein wolle. Er nahm sie mit nach Hause, suchte einen hübschen sonnigen Platz in seinem Wohnzimmer aus und goß sie ausgiebig. Als er sich um sie kümmerte, dachte Grant daran, daß RAM unser großer Spiegel ist, der uns unsere Möglichkeiten zeigt, und ihm kam eine Idee.

Grants Nachbarin Alice hatte ebenfalls afrikanische Veilchen. Sie begannen in dieser Woche gerade zu blühen. Er nahm seinen Topf mit den Veilchen hinüber, um sie den Veilchen von nebenan vorzustellen. Während der Vorstellung erzählte er seinen Veilchen, daß sie genauso hübsch seien wie die Veilchen von Alice und daß er es gern sehen würde, wie sie in ihrer eigenen einzigartigen Schönheit zur vollen Entfaltung kämen. Dann brachte er die Veilchen zurück an ihren warmen und sonnigen Platz in seinem Haus und gab ihnen noch etwas mehr Zuwendung und Wasser, da er für ein paar Tage wegfahren mußte.

Nach der Rückkehr von seiner Reise öffnete Grant die Tür und ging schnell in sein Wohnzimmer, um nach all seinen geliebten Pflanzen zu sehen. Zu seiner unglaublichen Überraschung und Ehrfurcht standen die afrikanischen Veilchen in voller, strahlender, atemberaubender Blüte! Er lachte und weinte gleichzeitig und pries sich glücklich.

Grant sagt, daß sie auch heute, Monate später, noch blühten. Sie hatten anscheinend seine liebevolle Botschaft ganz klar empfangen und beschlossen, ganz nach ihren Möglichkeiten als afrikanische Veilchen aufzublühen, als Grant ihnen zeigte, daß es ihm wichtig war!

Ein Geschenk für einen Freund

In seinen Lehren spricht RAM davon, daß gewisse Tiere eine den Menschen ähnliche Seele besitzen. Bigfoot oder der berüchtigte Schneemensch, der auch unter vielen anderen Namen bekannt ist, gehört auch dazu. Sie sind wie Kinder und sehr versöhnlich, da sie nicht nach den Kategorien richtig oder falsch urteilen. Sie genießen ganz einfach ihre Freiheit und ihr Schweigen ohne den Stress eines entfremdeten Selbst. Delphine und Wale gehören ebenfalls zu dieser Gruppe. Diese besonderen Geschöpfe wählten eine Lebensweise, um sich nicht in den Sorgen und Konflikten der menschlichen Art zu verlieren. Sie sind einfach, freudvoll, intelligent und unschuldig. Wie Bigfoot blieben sie in der Natur unberührt. Sie sind „gefallene" Götter, die das Wasser als ihre Heimat wählten. Eric, ein Meister aus Kalifornien, erzählt seine höchst bewegende Erfahrung mit einem Delphin. Eric hatte einige Zeit in den Gewässern vor der Westküste verbracht und begonnen, sich dort zu Hause zu fühlen, wo diese freudvollen Geschöpfe leben. Eines Tages entschloß er sich im Verlaufe des Tobens und Spielens mit einem dieser netten Freunde im Ozean, dem Delphin ein Geschenk zu machen.

Eric bastelte eine Perlenkette, die groß genug war, über die Schnauze des Delphins zu passen. An diesem besonderen Nachmittag schwamm er hinaus, um seinen Freund zu treffen. Der Delphin tanzte und hüpfte und schwamm dann ganz nah heran, um gestreichelt zu werden. Eric streichelte seinen Freund ganz sanft und streifte dann die Perlenkette über den Kopf seines Gefährten. Der Delphin knuffte ihn liebevoll und tauchte dann außer Sichtweite.

Verwirrt wartete Eric ein paar Minuten und wunderte sich, wohin sein Freund geschwommen war. Bald tauchte der Delphin wieder auf, und Eric war froh zu sehen, daß er immer noch das Perlenhalsband trug. Als sich der Delphin näherte, erkannte Eric, daß er einen kleinen, runden, glatten Stein in seiner Schnauze trug. Es war ein Geschenk für ihn.

Eric sagte, daß er in Tränen ausbrach, als er seine Hand aufhielt und das wertvolle Geschenk von seinem geliebten, höchst unschuldigen und hochgeschätzen Freund empfing.

Das Lichterlebnis von Big Sur

Zwei Meisterinnen, die Schwestern Del und Mavis, reisten im August 1987 von Kalifornien aus nordwärts Richtung Washington, als sie in sich den Drang fühlten, in der Nähe von Big Sur anzuhalten und Fotos zu machen. RAM hatte kürzlich bei Zusammenkünften gesagt, man solle immer auf der Suche nach „Lichterlebnissen" sein, die ganz wundervoll wären. Plötzlich erblickte Mavis etwas in einem kleinen Wasserbecken am Küstenrand unter ihnen.

Sie sah große blitzende Lichter wie riesige Scheinwerfer. Es war helles Tageslicht. Trotzdem sah auch Del, als sie hinsah, die gleichen riesigen Blitze. Zusammen beobachteten sie gebannt, wie die Lichter immer zahlreicher wurden und begannen, ihre Farben zu verändern. Sie schienen aufzusteigen und sich über den Horizont zu bewegen, etwa zwanzig Fuß darüber, in goldenen, blauen, grünen und orangefarbenen Bögen.

Während die beiden Schwestern atemlos zuschauten, erhoben sich die Lichtstrahlen in festen Bändern und umkreisten die Sonne, immer eine Farbe nach der anderen. Die Lichter, die über das Wasser blitzten, paßten sich den Bögen rund um die Sonne an. Dann begannen sich zu ihrer Freude die Bänder aus leuchtenden Farben zu drehen und in einer herrlichen Regenbogenmischung rund um die Sonne zu kreisen. Die gleichen Lichteffekte von kreisenden Farben spielten sich auf dem Wasser ab. Aufgeregt erlebten die beiden jedes neue spektakuläre Lichtereignis, während aus ein paar Minuten mehrere Stunden wurden.

Immer wieder hielten vorbeifahrende Leute an, um zu sehen, worauf die beiden Schwestern starrten und was sie mit so lebhafter Freude diskutierten. Keiner von ihnen konnte irgendetwas sehen außer den normalen Sonnenstrahlen, die über das Wasser strömten. Sie glaubten zweifellos alle, daß die beiden Frauen Drogen genommen hatten oder einfach verrückt waren, deshalb verabschiedeten sie sich schnell und setzten ihre Reise fort.

Nach einer gewissen Zeit sagte Del, sie sei müde und wolle weiterfahren, aber Mavis wollte bleiben und noch mehr sehen. Als Del wieder auf die Lichter sah, erkannte sie drei Pfeile, die nach Norden zeigten. Es war Zeit für sie zu fahren. Mavis sah sie auch und stimmte zu. In diesem Augenblick begann das goldene Licht der Sonne die beiden Schwestern und ihr Auto in Gold zu tauchen. Sie sahen sich gegenseitig an, und ihre Körper sahen aus, als wären sie mit Gold bemalt. Del drehte sich um und blickte in die Sonne, die der Ursprung des Goldes zu sein schien, und sah, daß sie sich in ein tiefes Blau verwandelt hatte. „Schau, Mavis", rief sie erfreut. „Die Sonne ist blau!" Mavis schaute direkt in die helle goldene Sonne, und auch für sie wurde sie sofort tiefblau.

Als die beiden freudestrahlenden Schwestern, die jetzt herrlich in Gold gebadet waren, wieder ins Auto stiegen, um weiterzufahren, sagte Mavis: „Ich glaube, sie werden uns folgen." (Sie meinte die Lichter.) Del startete das Auto und begann, nach Norden zu fahren. Die spektakuläre Anordnung bunter Lichter und geometrischer Muster folgte ihnen.

Nachdem sie ungefähr fünfzehn Minuten gefahren waren, stimmten sie beide überein, daß sie wieder anhalten wollten, um die Lichter noch einmal von einem ruhigen Platz aus zu sehen. Sie hielten am Straßenrand an und schauten eine weitere Stunde zu. Dann waren ihre Sinne angefüllt, und sie stiegen wieder ein, um ihre Fahrt fortzusetzen. Als sie losfuhren, war das Lichterlebnis so plötzlich zu Ende, wie es begonnen hatte. Beide Schwestern sagen allerdings, daß sie es sich jederzeit willentlich wieder lebhaft in Erinnerung rufen können.

Del hatte schon jahrelang eine „innere Vision", deshalb war dieses Lichterlebnis, das sie hier erfuhr, einfach nur eine weitere großartige Variante des großen Unbekannten. Ihre Geschichte ist für mich umso wertvoller und bedeutungsvoller, da ich selbst die blaue Sonne und ein ähnliches Lichterlebnis 1988 auf meinem Weg nach Snow Mountain hatte. Eine blaue Sonne ist in der Tat ein unglaubliches Ereignis!

Schaut Gott!

RAM schickt eine Vielzahl von „Boten" zu den Meistern, die alle den Zweck haben, uns den uns innewohnenden Gott deutlicher sehen zu lassen. Am 18. Juli 1987 sagte er in der Arena, daß er denen in der Versammlung, die es zulassen würden, die Gelegenheit schicken wolle, den Unbekannten Gott zu schauen. Er fügte hinzu, daß er diese außerordentliche Vision zum am wenigsten erwarteten Zeitpunkt schicken würde.

Barbara, eine in Washington geborene Meisterin, erzählt von ihrem Zusammentreffen mit dem großartigen Boten. Sie sagte, daß sich in den Tagen vor diesem Intensivtreffen mit RAM ihr Kopf so zerbrechlich wie ein Ei angefühlt hatte, daß er schmerzte und daß sehr leicht Tränen aus ihren Augen flossen. Ihre Körpertemperatur bewegte sich sehr schnell von heiß zu kalt und mehrfach wieder zurück. Trotzdem wurde in der Zwischenzeit ihr Verstand viel klarer.

Am Abend vor dem Intensivtreffen ging Barbara zu einem Gruppentreffen mit Frauen, und es machte sie fast krank. Die Gruppe war deutlich feministisch ausgerichtet. Am nächsten Tag war sie hin- und hergerissen zwischen dem Verlangen, zum Intensivtreffen mit RAM zu gehen oder zu Hause zu bleiben. In letzter Minute entschied sie sich hinzugehen. Sie sagte, sie war froh, daß sie hinging. Noch nie hatte sie sich von einer Belehrung so angerührt gefühlt. Als RAM versprach, einen Boten für die „Schau Gottes" zu schicken, wußte sie, daß er ihr begegnen würde.

Zwei Nächte nach dem Treffen wachte sie mitten in der Nacht auf und schüttelte sich vor tropfendem Schweiß. Ihr Körper zitterte so stark, als sie aufstand, um sich ein Glas Wasser zu holen, daß sie kaum den Wasserhahn aufdrehen konnte. Sie ging zurück ins Bett und fiel nach kurzer Zeit wieder in tiefen Schlaf.

Später wachte sie wieder auf. Als sie ihre Augen öffnete, sah sie eine blasse, grünlich-gelbe lichtvolle Gestalt vor sich. Ein Gefühl von reiner Glückseligkeit durchströmte ihr Wesen. Die Gestalt war nicht körperlich, sondern ätherisch, und trotzdem wirklicher als die Wirklichkeit. Barbara sagte, es sei unmöglich, das Gefühl oder die Vision in Worte zu fassen, aber sie hatte sich noch nie so vollständig, so vollkommen erfüllt gefühlt.

Sie fügt hinzu, daß seitdem die Leute sich ihr gegenüber anders verhielten, so wie auch sie sich den anderen gegenüber. Die Freude dieses Augenblicks ist bei ihr geblieben. Heute ist sie sich mehr denn je bewußt, daß der Erfolg auf materieller Ebene nur eine Illusion ist, daß für sie ein Leben in Freude und in Danksagung jetzt wirklich wichtig ist. Sie hat herausgefunden, daß sie es nicht nötig hat, andere um Rat zu fragen, daß alle Antworten in ihr selbst bereit stehen. Sie muß ihnen nur erlauben, Realität zu werden.

Ich kenne Barbara seit einiger Zeit persönlich. Sie ist eine empfindsame und freudvolle Seele. Sie sieht schon seit langem Gott in den anderen Menschen. Und für mich ist es keine Überraschung, daß sie sich selbst die wunderbare Vision von Gott zugestanden hat.

Telepathischer Empfang der Lehre

Es ist eine wohlbekannte Tatsache, daß viele Meister, auch wenn sie aus Geldmangel oder anderen Gründen nicht persönlich bei bestimmten RAM-Intensivtreffen dabei sein können, trotzdem durch Gedanken und Gefühle den Inhalt oder die Hauptgedanken der Belehrungen mitbekommen. Es scheint, daß der Faktor des Raums oder der Entfernung durch das intensive Verlangen des einzelnen nach Wissen überwunden wird!

Dee, eine Meisterin von der Ostküste, erzählte mir, daß sie völlig auf das Treffen von Yucca Valley im September 1987 eingestimmt war. Bei diesem Treffen begann RAM damit, die Meister mit heiligem Öl zu salben. Dee sagte, daß sie während dieser Woche zum ersten Mal fühlen konnte, wie ihre Energie in Schwingung versetzt wurde und ihr Rückgrat hinauf und bis in ihren Kopf stieg. Das traf sicherlich mit der Tatsache zusammen, daß RAM das Intensivtreffen damit begann, daß er mit der gesamten Zuhörerschaft arbeitete und allen buchstäblich Atemstöße oder Schübe von Energie in ihr Innerstes blies.

Dee sagte, daß sich eines Tages die Hitze in ihrem Bauch zu steigern schien, um dann wie Elektrizität langsam an ihrem Rückgrat entlang in ihren Kopf zu steigen. Sie hielt in Ekstase den Atem an, als es passierte. Am gleichen Tag erklärte RAM seinen Zuhörern in der Wüste Hunderte von Meilen entfernt, wie die Energie, wenn sie einmal entfacht war, von den Lenden oder vom Bauch aus wie in Wellen unsichtbaren weißen Feuers aufsteigen und im Kopf auf die Hirnanhangdrüse treffen würde, um dann in kurzen, abgehackten Geräuschen aus dem Mund zu springen.

Nach diesen Energieschüben, erzählte Dee, konnte sie auf ihre Hände blicken und tatsächlich phosphoriszierendes weißes Feuer aus ihren Händen austreten sehen. Das paßt genau zu dem, was RAM in Yucca Valley seinen Zuhörern sagte: Einige von denen, die die Einstimmung erfuhren, würden nicht nur das weiße Feuer in ihren Händen erfahren und es auch sehen können, sondern bald könnten sie auch sehen, wie es aus ihrem Mund austritt. Er sagte, es sei eine heilende

Flamme. Wenn man die warmen Hände auf den Körper legte, dann würde der Körper geheilt.

Nach meiner Rückkehr aus Yucca Valley war ich einer der ersten, der mit Dee sprach, und ich wußte, daß sie sicherlich eine Einstimmung auf das erfahren hatte, was dort gelehrt worden war. Dieses Phänomen sollte für keinen, der mit RAM vertraut ist, eine Überraschung sein, da RAM fähig ist, erbauende oder belehrende Gedanken in jeden hineinzuprojizieren, der ihr Eindringen zulassen will. Dee ist die Art von Seele, die offen ist und sich ständig nach mehr Wissen und Verständnis ausstreckt. Das ist sicher der Grund, warum sie einer der glücklichen Meister war, die den Inhalt der Lehre empfingen, obwohl ihre Körper sich in berträchtlicher Entfernung vom Ort der Belehrung befanden.

Sehr viele andere haben ebenfalls berichtet, daß sie die Belehrungen über große Entfernungen empfingen, so daß dieses Phänomen zunehmend verbreitet wird. Für viele wird es zu einem tagtäglichen Geschehnis, zu einem Lebensstil. Das sollte eine gute Botschaft für viele Leser sein, die aus welchen Gründen auch immer nicht in der Lage sind, die verschiedenen Intensivtreffen zu besuchen. Sobald du einmal das Wissen von etwas besitzt, dann wird es in deinem eigenen Leben möglich. Also bemühe dich darum!

Eine Perle zu ihren Füßen

Sue, eine Meisterin aus Oregon, erzählt, wie ihr zehn Jahre alter Sohn Adam einen Kindertag mit RAM besuchen wollte und es auch tat. Sue war von der Veränderung, den dieser Tag in Adam vollbrachte, so begeistert, daß sie sich spontan entschied, ein Treffen zum Thema „Mein Ich und mein anderes Ich" in Yelm zwei Tage später zu besuchen. Sie sagte, daß sie an diesem Tag unter RAMs Zuhörern sitzend endlich begann, die stille, leise Stimme des in ihr wohnenden Gottes zu hören. Und sie begann zu lernen, bedeutungsvolle Tage zu schaffen, anstatt immer im gleichen alten Trott weiterzumachen.

Nach Sues Rückkehr nach Oregon traf Adam die Entscheidung, bei seinem Vater zu leben. Daher fühlte sich Sue jetzt endlich frei für einen Umzug. Sie hatte schon lange davon geträumt, nach Washington umzuziehen, um in der Nähe der „Familie" zu sein, die sie dort kennengelernt hatte und der sie sich gern anschließen wollte. Aber als sie packte und Vorbereitungen traf, wurde sie ständig von Ängsten und Zweifeln heimgesucht.

Was machte sie? War sie verrückt? Wie konnte sie ihre Heimat, die ihr vertraute Gegend verlassen? Es war furchterregend, ihre Besitztümer zurückzulassen, es war ein Trauma, daran zu denken, so weit fortzugehen. Bei jedem beunruhigenden Gedanken wandte sich Sue an den Herrn und Gott ihres Lebens und bat ihn um Stärke und Mut. Als sie sich auf die ihr innewohnende Kraft besann, kamen immer wieder Mut und Hoffnung zum Vorschein.

Schließlich kam der Tag des Aufbruchs. Sie hatte gepackt, was sie mitnehmen wollte, und hatte den Rest verkauft oder verschenkt. Als letzten Abschiedsgruß an ihr Zuhause wollte sie einen abschließenden Rundgang im Freien machen, um die aufgehende Sonne zu begrüßen. Als sie ihre Kaffeetasse in die Hand nahm und in den neu beginnenden Tag hinaustrat, fühlte sie, wie sie in ein neues Leben hineintrat. Freude überkam sie, und glückselige Tränen flossen wie ein schweigender Fluß. Gefühle von „Ich kann! Ich tu's! Ich bin!" durchfluteten ihr ganzes Wesen.

In diesem Augenblick zog etwas ihre Aufmerksamkeit auf die Kieselsteine zu ihren Füßen. Sie hielt den Atem an. Dort lag eine wunderschöne glitzernde Perle! Sie bückte sich und hob sie vorsichtig auf, und sie wußte, daß es ein besonderes Geschenk für sie war.

Welle um Welle durchströmten sie Freude und Dankbarkeit. Obwohl sie bereits eine wertvolle Perle in Yucca Valley erhalten hatte, wußte sie, daß diese hier ihren Mut widerspiegelte, aus dem Bekannten hinaus- und ins Unbekannte hineinzugehen. Diese Perle war für sie noch viel wertvoller.

Jenseits des Berges

Dies ist eine Geschichte über einen früheren römisch-katholischen Priester aus Österreich. In seiner Jugend fragte sich Ludwig immer, was wohl jenseits des Berges lag. Er machte seinen Abschluß am Gymnasium und an der Universität und wurde dann Priester. Sein beständiges Ziel war es, Gott zu finden und ein Heiliger zu werden.

Ludwigs Priesteramt brachte ihn allmählich von Jugoslawien, wo er begann, nach Deutschland und dann nach England. In Großbritannien las er Bücher, die ihn in die Gedankenwelt der Großen Weißen Bruderschaft einführten, so daß er, als er schließlich von Ramtha hörte, bereits vorbereitet war. Ludwig sagt, daß es bereits beim ersten Lesen im Weißen Buch von Ramthas Lehren in seiner Seele anfing zu klingen.

Mit dem Lesen kam jedoch der Bedarf nach dramatischen Veränderungen. Er fühlte sich nicht länger wohl mit den eingeschränkten Sichtweisen seiner Kirche. Jeden Sonntag sprach Ludwig im BBC-Radiosender, und er brauchte immer Stunden, um jedes Programm vorzubereiten. Nachdem er Ramthas Lehren gelesen hatte, wußte er, daß das Wissen bereits in ihm selbst lag. Deshalb hörte er auf, sich auf die Radiosendungen vorzubereiten. Er sprach ohne Anstrengung und ohne schriftliches Konzept. Sein Programm wurde schnell sehr beliebt.

Als Ludwig sich entschloß, nach Amerika zu gehen, wollte der Produzent des Radiosenders, daß er die Sendung von dort aus weiterführte, aber er entschied sich dagegen. Nach einem Treffen mit RAM in San Diego traf er die Entscheidung, sein Priesteramt abzulegen. Er wollte einfach in diesem Land leben und bei RAM sein, wann immer es möglich war.

Freunde kauften ein hübsches Haus auf einer Farm in Washington, wo er jetzt lebt, und er ist ausgesprochen glücklich hier. Er wacht singend auf und kommt zum ersten Mal in seinem Leben ohne Armbanduhr aus. Er ist zufrieden und lebt mit sich selbst in Frieden.

Ludwig sagt, daß einige seiner früheren Mitarbeiter im Priesteramt glauben, daß er vom Teufel beeinflußt wurde, und sie versuchen ihm einzureden, daß er in sein Priesteramt zurückkehren soll. Aber er sagt, daß er sein Leben in Einfachheit beibehält und sein Schicksal mit Freude selbst kontrolliert. Er dankt ohne Unterlaß für die einfachen Dinge auf der Farm um ihn herum. Das Wunder, von der Priesterschaft in die Teilhaberschaft an der Göttlichkeit überzutreten, ist das größte Wunder seines Lebens!

Er wünscht sich nicht länger, ein Heiliger zu werden. Er ist aus sich selbst bereits mehr als das geworden. Er weiß jetzt, daß es jenseits des Berges mehr gibt, als er sich je hätte vorstellen können!

So ein Auto

Dies ist eine Geschichte, die Anne Marie in Yucca Valley erzählt hat. Sie handelt von einem Ereignis, das im Anschluß an ein Treffen mit RAM erfolgte. JZ trinkt gern Coke, das ihr hilft, wieder auf den Boden der Tatsachen zu gelangen, wenn sie in ihren Körper zurückkehrt. Zu diesem fraglichen Zeitpunkt war keines verfügbar, deshalb wollte Jeff unterwegs anhalten, um welches zu besorgen. Aus irgendeinem Grund entschloß Ramtha sich, im Körper zu bleiben, während sie im langen, eleganten Lincoln abfuhren.

Anne Marie saß neben Ramtha (in JZs sehr weiblichem Körper, wie wir wissen) auf dem Rücksitz, als Jeff auf den Parkplatz des Lebensmittelmarktes fuhr. Jeff ging hinein, um Coke zu kaufen, während die beiden anderen im Auto warteten. Gerade da hielten zwei junge Männer in einem Pick-up genau neben ihnen. Natürlich schauten diese jungen Männer herüber auf den wunderschönen Lincoln und auf die beiden hübschen Blondinen auf dem Rücksitz, und weil es ganz typische junge Männer waren, kurbelten sie ihr Fenster herunter und machten einige bewundernde Bemerkungen.

Ramtha kurbelte ebenfalls das Fenster herunter und lächelte gewinnend, als er mit einer natürlich klingenden männlichen Stimme fragte: „Und wie geht es euch, Meister?"

Nun, ihr könnt euch die Überraschung vorstellen, die diese beiden Männer erlebten, als sie diese Stimme bei einer so gutaussehenden „Puppe" hörten. Offensichtlich überwand ihre Neugierde ihre Zurückhaltung, und sie begannen eine flotte Unterhaltung mit RAM. Anne Marie war in der Zwischenzeit still.

Einer der Männer sagte: „Junge, ich hätte wirklich gern so ein schönes Auto wie eures!"

RAM lächelte, und seine Augen blinzelten, als er freundlich sagte: „So soll es sein!" Anne Marie runzelte die Stirn, blieb aber still.

Als Jeff aus dem Geschäft kam und zum Auto hinüberging, warfen die Männer noch einmal einen Blick herüber und fuhren weg. Als sie wieder unterwegs waren, drehte Jeff sich um und fragte: „Worum ging es da?"

Anne Marie lachte leise, als sie Jeff von dem interessanten „Anbändel"-Versuch der beiden jungen Männer erzählte. Als sie zu der Stelle gelangte, daß einer der beiden sich genau so ein Auto wie den Lincoln wünschte und RAM mit einem herzlichen „So soll es sein!" geantwortet hatte, drehte sich Jeff mit einem verwirrten Blick zu RAM um und fragte: „Wie willst du das machen?"

RAMs Gesicht leuchtete auf wie die Morgensonne, als er mit Freude erklärte: „Das ist alles bereits in die Wege geleitet. Ein Stück weiter unten an der Straße werden sie einen kleinen Unfall haben. Die Versicherung, bei der ihr Auto versichert ist, wird ihnen eine Summe bezahlen, und das Geld wird reichen, um auf einen Wagen wie diesen hier eine Anzahlung zu leisten!" Er strahlte vor Zufriedenheit.

Sowohl Jeff als auch Anne Marie lachten laut auf. Sie wußten, daß RAM oft gesagt hatte, daß nie irgendeine Sache unter seiner Würde wäre. Jetzt fährt der junge Mann sicherlich in einem langen, eleganten Lincoln herum und wundert sich vielleicht über das seltsame Zusammentreffen mit den zwei Blondinen auf dem Parkplatz vor dem Lebensmittelmarkt.

Auf Tuchfühlung mit einem Star

Als Art vor ein paar Jahren in einem Seebad in Mexiko auf Urlaub war, gab ihm ein reicher Freund einige Tonbänder von RAM. Art dankte dem Freund und legte die Tonbänder beiseite. Die Zeit verging, und zwei Jahre später hatte Art die Tonbänder immer noch nicht angehört.

Art und seine Frau, ein im ganzen Land bekanntes Medium mit Büros sowohl in Los Angeles als auch in San Francisco, besuchten zu der Zeit eine große Zusammenkunft metaphysischer Sprecher in Phoenix. Weil seine Frau damit zu tun hatte, kannte Art die meisten der berühmten Sprecher und medial begabten Menschen, die anwesend waren. Eine Gruppe von ihnen lud ihn ein, mit ihnen das Honolulu-Video von Ramtha anzuschauen.

Als Art das Video ansah, wurde er von dem Gefühl getroffen, daß es sich hier um einen Lehrer handelte, der wirklich wußte, was er lehrte. Er bemerkte auch, daß RAM mit Shirley MacLaine sprach, und erinnerte sich, daß er sie immer so gern in ihren Filmen gesehen hatte. Es war schon lang ein Wunsch von ihm gewesen, sie einmal zu treffen. Je mehr er darüber nachdachte, umso stärker wurde seine Gewißheit, daß er sie bald treffen würde. Ein Teil von ihm hatte eindeutig einen Vorstoß in die Zukunft gemacht.

Ein Graf, der bei der Versammlung ebenfalls anwesend war, bat Art, ihn am nächsten Tag zu einer Pferdeshow zu begleiten, und Art nahm die Einladung an. Der Graf war sehr bekannt, deshalb wurden sie an einen der besten Tische geführt. Als sie ruhig dasaßen und warteten, bis die Pferdeshow begann, drehte sich Art auf seinem Sitz um und stieß mit seinem Ellbogen buchstäblich mit der Person zusammen, die rechts von ihm saß. Als er hinüberblickte, konnte er es kaum glauben. Es war Shirley MacLaine.

Shirley lächelte herzlich, streckte ihre Hand aus und fragte nach seinem Namen. Er erwiderte das Lächeln, schüttelte herzlich ihre Hand und sagte, sein Name sei Art. Er war erstaunt über die sofortige Manifestation seines Wunsches. Dann stellte Shirley sie ihren Begleitern vor: Jeff und JZ Knight. Anscheinend führte JZ eines ihres preisgekrönten Pferde bei diesem Ereignis vor.

Daß er diese drei wunderbaren Menschen an diesem Tag getroffen hatte, machte auf Art einen starken Eindruck. Zwei Jahre zuvor, als man ihm die Tonbänder gegeben hatte, war er noch nicht bereit gewesen, sie zu hören. Aber als er am Abend vorher das Video sah und hörte, da wurde er von den Lehren RAMs angerührt. Dadurch wurde sein gesamtes Leben verändert.

Art und seine Frau zogen aus der Stadt hinaus und leben jetzt auf einem schönen, friedlichen, 40 Acre großen Grundstück in Yelm, Washington. Art weiß, daß er viel mehr manifestiert hat als das Treffen mit einem Filmstar. Indem er den Lehren RAMs zuhörte, hat er einen Lebensstil und einen friedvollen Geisteszustand erlangt, die jeden Tag seiner Seele von neuem Freude bringen.

Raus aus dem Zug!

Regina, eine Meisterin aus New Jersey, stand auf dem Flughafen von Seattle und konnte aus dem Flughafenplan nicht schlau werden. Sie stellte ihre Sachen ab, nahm ein Info-Telefon und bat um Flugauskunft. Sie wurde angewiesen, zu Ausgang Nummer neun zu gehen. Sie hob alle ihre Sachen wieder auf, einschließlich des alten Ramtha-Buches von ihrem alten Freund Joe, das jetzt nicht mehr gedruckt wird. Dann ging sie durch die Sicherheitsschleuse zum U-Bahn-Zug, der sie zum Ausgang bringen sollte. Sobald sie am Bahnsteig war, stellte sie all ihre Habseligkeiten wieder ab und wartete auf den Zug. Als sich die Türen öffneten, packte sie wieder ihre Besitztümer und bestieg den Zug, der sie zum Ausgang bringen sollte. Als sie im Zug saß, der durch die Tunnel unterhalb des Flughafens raste, blickte sie auf ihre Sachen und bemerkte, daß die Tasche, in der sich Joes Buch befand, nirgends zu sehen war. Ein beklemmendes kaltes Gefühl durchdrang sie. „Oh nein!" schrie sie auf. „Ich werde Joes Buch nicht verlieren!" Sie wußte, daß er es hochschätzte. Sie saß in Qualen da und fragte sich, wie sie je den Weg zu dem Platz zurückfinden könnte, wo sie den Zug bestiegen hatte. Ein Stimme in ihrem Kopf rief: „Raus aus dem Zug - sofort!" Regina schnappte sich schnell alle Sachen und sprang aus dem Zug, gerade als die Zugtüren sich schlossen. Der Zug fuhr davon, und sie sah sich um. Sie versuchte festzustellen, wo sie war und wie sie den Weg dahin zurück finden konnte, wo sie eingestiegen war. Ah, ein Mann in Blau kam schnell auf sie zu - den wollte sie fragen. Ehe sie „Wie komme ich..." aussprechen konnte, sah sie etwas, das ihre Augen vor Überraschung ganz groß werden ließ. Da war sie! Der Mann in Blau mit seinen fröhlich zwinkernden Augen hatte in seiner Hand die vermißte Tasche mit dem sicher darin verstauten Buch von Joe. Er hielt sie ihr hin. „Danach habe ich gesucht!" rief sie und deutete aufgeregt auf die Tasche und zeigte auf ihr Namensschild daran. Ohne ein Wort gab er ihr die Tasche mit einem breiten Grinsen, drehte sich um und ging weg. „Danke!" schrie sie. Der Mann in Blau ging weiter.
Später, als sie über ihre seltsame Erfahrung nachdachte, fragte sich Regina, wer der Mann in Blau wohl gewesen sein mag.

Eine Perle der Weisheit

Kay traf RAM zum ersten Mal 1985 in Phoenix. Dieses Erlebnis veränderte ihr Leben völlig. Sie verließ ihre Arbeitsstelle und begann eine gänzlich neue Art des Lebens. Zunächst verursachten ihr die Gefühle, ihr verändertes Ich loszulassen, derartige Schmerzen, daß sie an Selbstmord dachte. Ihr Körper reagierte heftig mit Blutungen und unkontrollierten Krämpfen. Als ihre ganze Vergangenheit hoch kam, akzeptierte sie sie und machte sie sich zu eigen. Sie war weise genug, ihr Bewußtsein durch all das mitten hindurchzuführen.

Als sie andere um sich beobachtete, erkannte Kay, daß sie Aggressionen verwendeten, um ihre Ängste loszuwerden. Sie sah deutlich die Spiele der Illusion und sah auch, daß sie selbst sie erschuf. Sie wurde sich sehr schnell bewußt, daß jede Kleinigkeit ihres Lebens selbstgeschaffen war. Einfach durch das Zulassen und Anerkennen, daß jede Erfahrung von ihr selbst erschaffen war, blieb sie nicht länger das Opfer, sondern wurde der triumphierende Meister.

Eines Tages wischte Kay im Waschsalon am Ort den Tisch sauber, so daß sie die Ladung Kleider, die sie aus dem Trockner holen wollte, zusammenlegen konnte. Da sie im Waschsalon allein war, fühlte Kay keine Hemmungen, laut zu sprechen. „Ramtha, wie mache ich mich, mein geliebter Bruder?" Nach kurzem Nachdenken fügte sie hinzu: „Ich weiß, ich brauche deine Bestätigung nicht, ich weiß, daß ich es gut mache. Aber es wäre wirklich eine große Freude für mich, wenn ich deine Gefühle kennen würde."

Sie drehte sich um und wollte gerade einen Haufen trockene Kleidung auf den Tisch legen. Was war das? Eine glänzende weiße Perle lag da auf dem Tisch, den sie gerade sauber gewischt hatte! Die Perle war äußerst real. Sie glitzerte und leuchtete mit dem ihr eigenen Licht, als sie sie aufhob. Mit einem Überströmen an Freude und Liebe, die wie ein Fluß durch die Mitte ihrer Brust strömten, begann ein Strom heißer Tränen über ihre Wangen hinabzulaufen.

Ungeachtet der Tatsache, wie die Perle dorthin gelangt war, erkannte Kay, daß sie ihre eigenen Perlen der Weisheit erlangt hatte, indem sie dem folgte, was sie in sich selbst erkannte. Jedoch sagte ihr das eigene Wissen, daß RAM ständig im Bilde war, was sie machte, und daß dies seine Art war, ihr Tun anzuerkennen. Sie war erfüllt von Dankbarkeit und Freude.

Von diesem Tag an, so erzählt Kay, hatte sie die Fähigkeit, sich auf die Gedanken von anderen einzustimmen und ihre Wünsche schnell zu manifestieren. Sie hat festgestellt, daß die einzige Sache, die ihr immer wieder im Wege steht, eine unvernünftige Furcht ist. Wenn sie sich der Furcht stellt und diese verschwindet, dann werden ihre Wünsche schnell zur Wirklichkeit. Das Leben ist für sie jetzt einfach geworden, und sie fühlt die Lehren von RAM, die ihr eine Freude und ein Verständnis bescheren, die jenseits des Begreifens liegen.

Die perfekte Muschel

Judi hatte sich zum ersten Mal eine ganze Woche Urlaub ohne ihre Kinder gegönnt und fuhr allein auf eine Insel vor der Küste von Virginia, nicht allzu weit von ihrem Zuhause entfernt. Dort hatte sie ihre erste wirkliche Lebenserfahrung mit RAM.

Sie ging am Strand entlang und suchte nach schönen Meeresmuscheln. Als sie so entlangspazierte, traf sie ständig auf den gleichen Mann, der ebenfalls an der Küste entlangging und eine Muschel nach der anderen aufhob und wieder wegwarf. Nachdem sie oft aneinander vorbeigegangen waren, gingen sie schließlich nebeneinander her und begannen ein freundliches Gespräch.

Er sagte, er suche nach zwei Muschelschalen, die genau zu denen paßten, die er schon gefunden hatte. Er zeigte ihr die beiden Schalen, die eine wie eine Rose mit einer blutroten Einfärbung, die andere wie eine Mondsichel vor einem dunkelblauen Mitternachtshimmel. Die Farben waren bei beiden Schalen sehr intensiv. Zu ihrer Überraschung platzte Judi heraus: „Ich werde die perfekt passenden Schalen in diesen beiden Farben für Sie finden." Er lachte, und die beiden gingen weiter, während er weiterhin Schale um Schale aufhob und wieder wegwarf.

Plötzlich fühlte sich Judi gezwungen, in den Sand zu greifen, und während er durch ihre Finger strömte, konnte sie eine blutrote Schale fassen, perfekt geformt und zu der passend, die der Mann bereits hatte. Für einen kurzen Augenblick standen sie in Ehrfurcht da und verglichen die Schalen, dann gab sie ihm die Schale. Er protestierte, daß sie sie doch selbst behalten sollte, aber sie bestand darauf, daß er sie nahm, und fügte hinzu, daß sie auch die andere passende Schale finden würde.

Ein paar Minuten später bückte sie sich, griff wieder in den Sand und holte diesmal eine andere perfekte Schale heraus, die eine mitternachtsblaue Färbung hatte, genau das passende Stück zu der, die der Mann bereits hatte. Er nahm das Geschenk an, und sie beschlossen, miteinander zum Abendessen zu gehen. Sie beendeten den Abend in ihrer Unterkunft über einer Kanne Kaffee, tauschten dann die Adressen aus und sagten sich Auf Wiedersehen. Obwohl der Händedruck das erste Mal war, daß sie sich körperlich berührten, hatten sich ihre Seelen schon berührt.

Am nächsten Morgen stand Judi auf und ging trotz des starken Windes am Strand entlang, um noch nach einer perfekten Muschel für sich selbst zu suchen. Sie warf Hunderte wieder weg. Plötzlich dröhnte eine Stimme in ihrem Kopf: „Aha, du suchst also nach Perfektion, geliebte Frau? Heb diese Muschel auf." Sie bückte sich und hob die Schale auf. Sie war zerbrochen und war rundum bewachsen, aber sie schien Perfektion zu versprühen! Sie erkannte, daß die gesamte Natur um sie herum perfekt war, sogar der stürmische Wind.

Als sie weiterging, dachte sie über die befehlende Stimme nach, die sie im Wind gehört hatte. Sie erblickte eine tote Krabbe, die leblos am Strand lag, und wandte sich an die Natur: „Das ist es also, was du mit deinen Toten machst."

Plötzlich drang wieder diese gleiche laute Stimme durch ihren Kopf: „Möchtest du sehen, was in der Natur mit der Illusion gemacht wird, die du Tod nennst?"

Judi sah nach oben und erblickte eine Möwe, die gegen den Wind ankämpfte und sich ihren Weg bis zur Krabbe bahnte. Dann schoß sie herab, hackte in den toten Krabbenkörper und begann ihn zu fressen. Während Judi in Verwunderung zuschaute und dann auf ihrem Weg weiterging, fuhr die Stimme fort, ihr die Bedeutung des Todes aufzuzeigen, daß alles Leben ewig ist und daß die Gedanken für sich selbst eine Welt nach der anderen aufbauten. Die Stimme sagte, daß sie all diese Worte in zwei Jahren als ihre eigenen wiederfinden könnte.

Ein paar Monate später traf sie eine Meisterin namens Mary, die ihr das Honolulu-Video von Ramtha zeigte. Judi war tief betroffen, als RAM zu einer hübschen Frau ging und ihr sagte: „Geh im Sand bis an den Rand des Meeres, und ich komme zu dir im Wind." Judi brach in Tränen aus. Die Worte brannten in ihr wie ein loderndes Feuer und stürmten in ihr wie ein mächtiger Wind, der durch eine Schlucht braust. RAM war ihre unsichtbare Stimme gewesen!

Beurteilen ist verlieren

Cheryl hat zwei wunderbare Freunde, Lawrence und Sandra, die ihr mindestens vierzig Tonbänder mit Gesprächen mit RAM gegeben hatten. Nachdem sie die Bänder „Innere Erde" und „Selbstliebe" gehört hatte, kam eine große Ruhe über sie. Wellen der Selbstliebe und Lebensleidenschaft durchströmten sie.

Ihre Aufmerksamkeit wurde auf eine schimmernde goldene Lichtgestalt vor ihr gelenkt, die unten ganz breit und oben ganz schmal war und sie an eine Pyramide erinnerte. Gefühle intensiver und reiner Liebe rannen wie endlose Ströme durch sie. Sie spürte, wie die Musik, die auf ihrer Stereoanlage lief, buchstäblich durch ihren Körper hindurchfloß. Ihr Kopf begann zu pulsieren, und sie empfand ein deutliches Gefühl von Bewegung oder Ausrichtung, das in ihr stattfand. Da sie totales Vertrauen empfand, ließ sie alles geschehen, ohne darüber zu urteilen. In der Tat fühlte sie, daß sie diese Erfahrung ohne Werturteil akzeptieren mußte.

Mehrere ekstatische Stunden vergingen. Schließlich fühlte sie sich zufrieden und unaussprechlich erfüllt. Sie schlüpfte unter ihre warmen Decken und fiel in einen friedlichen Schlaf.

Cheryl wachte am nächsten Morgen spät auf und ließ das Frühstück ausfallen, da sie versprochen hatte, Lawrence zum Holzplatz mitzunehmen. Während Lawrence eifrig damit beschäftigt war, Holzstücke auszusuchen, um ihr eine Pyramide zu bauen, erfuhr sie plötzlich eine Bewußtseinserweiterung. Sie schien sich aller Dinge völlig bewußt zu sein, fühlte sich, als wäre sie über hundert Fuß groß und ebenso breit gewachsen. Ein Gefühl, alles zu wissen, was in diesem Gebäude vor sich ging, durchlief sie, ebenso wie das Gefühl, genau zu wissen, wie die Pyramide gebaut werden mußte.

In einem Zustand der reinen Übereinstimmung mit allen Dingen war Cheryl durch diese wunderbare Erfahrung von Ehrfurcht erfüllt. Als sie und Lawrence an die Kasse gingen, um für die Hölzer zu bezahlen, bewegte sie sich wie schwebend neben ihm. Die Kassiererin rechnete die Gesamtsumme aus. „Acht Dollar und sechzig Cents", sagte sie. Cheryl nahm ihren Geldbeutel heraus. Sie merkte, wie Lawrence sie ansah, und sie fühlte sich schockiert, da sie dachte, die Gesamtsumme müsse mindestens sechzig Dollar sein.

Sie kämpfte mit ihrem Gewissen, ob sie es der Kassiererin sagen sollte oder nicht. Sie fühlte, wie ihr eigenes Werturteil und das von Lawrence sie durchdrangen. „Es ist nicht fair, ihr nicht zu sagen, daß sie einen Fehler gemacht hat!" Und kaum hatte sie das gedacht, als der Kassiererin schon der gleiche Gedanke gekommen war. „Einen Augenblick, bitte. Es tut mir leid, ich habe die falsche Taste gedrückt. Es kostet achtundsechzig sechsunddreißig!"

Genau im Augenblick der Entscheidung zwischen richtig und falsch verließ sie das Gefühl der Allwissenheit und der Macht! Als sie und Lawrence aus dem Geschäft gingen, überdachte Cheryl ihre seltsame Erfahrung. Sicherlich, sie hatte das Richtige getan. Sie hatte der Angestellten nicht erlaubt, einen Fehler zu ihren Gunsten zu machen. Sie hatte den korrekten Betrag bezahlt. Warum also hatte der wunderbare Zustand der Bewußtheit sie so plötzlich verlassen?

Sandra schloß sich ihnen an und ging mit Lawrence etwas anderes erledigen, während Cheryl auf der Bank vor einer Bäckerei saß und weiter nachdachte. Während sie wartete, entschloß sie sich, in die Bäckerei zu gehen und sich einige ihrer liebsten Süßigkeiten zu genehmigen.

„Geben Sie mir ein halbes Dutzend von jeder dieser drei Kekssorten", sagte sie und deutete auf jede Sorte. Die Verkäuferin füllte die Kekse in eine weiße Tüte. Cheryl zahlte und ging zurück zur Bank, um noch etwas mehr nachzudenken, während sie wartete. Sie griff in die Tüte, um sich ein Stück herauszusuchen, und war schockiert, als sie feststellte, daß die Tüte nur je ein halbes Dutzend von zwei Kekssorten enthielt. Sie überprüfte schnell ihren Kassenzettel und sah, daß sie wirklich für dreimal ein halbes Dutzend Kekse bezahlt hatte. Sie war also betrogen worden.

Ein plötzlicher Gedanke durchkreuzte ihren Kopf. Sie hatte soeben eine wertvolle Lektion erhalten. Sie hatte für mehr bezahlt, aber weniger erhalten, und nur ein paar Minuten vorher war sie vor der Entscheidung gestanden, weniger zu bezahlen und mehr zu bekommen! Die beiden Erfahrungen waren ganz einfach die entgegengesetzten Seiten der gleichen Sache.

Ihrem begrenzten Ich wurde eine Lektion durch ihr unbegrenztes Ich erteilt. Sie wußte, daß die Tatsache, daß sie eine Entscheidung für das Richtige und gegen das Falsche getroffen hatte, sofort ihr Bewußtsein verändert hatte. Das Überbewußtsein ist wertfrei! Durch die Entscheidung zwischen richtig und falsch auf dem Holzplatz hatte sie nicht nur ihre Macht verloren, sondern sie mußte auch noch für Süßes bezahlen, das sie gar nicht bekommen hatte.

In diesem Augenblick erinnerte sich Cheryl, daß sie am Abend zuvor gebetet hatte, von jeglichem Werturteil frei zu werden. Es sah so aus, als wäre die erste Lektion in diesem Prozeß erteilt und erkannt worden.

Kein Gefängnis für den Geist

Das folgende stammt aus einem Brief, den mir ein Bruder im November 1987 aus dem Gefängnis schrieb:

„Du hattest recht! Ich liebe das wunderbare Buch, das du mir geschickt hast. Ich habe es am letzten Donnerstag erhalten und begann sofort, darin zu lesen. Ich las den ganzen Tag und die ganze Nacht und noch einen Teil des nächsten Tages, bis ich es zum ersten Mal durchgelesen hatte. Es war so gut, daß ich sofort wieder von vorne begann und es viel langsamer las. Manchmal las ich einige der späteren Kapitel gleich zwei- oder dreimal. Es ist eine wunderbare Geschichte und so gut geschrieben.

Was aber am erstaunlichsten ist, das ist die Tatsache, daß die von Ramtha vertretene Philosophie genau die Philosophie ist, die ich schon immer tief in mir getragen habe. Ich hatte nur nie jemanden gefunden, mit dem ich sie teilen konnte, weil mich niemand verstehen wollte. Ich habe immer an das geglaubt, was RAM über Gut und Böse sagt, über Rechtschaffenheit und Sündhaftigkeit, Gott und den Teufel, Himmel und Hölle und über die Beziehung des Menschen zur Schöpfung, die er um sich herum vorfindet.

Ich weiß auch, daß der Mensch sein eigenes Schicksal kontrolliert und tatsächlich an jedem Tag seines Lebens neu erschafft. Und ich glaube daran, daß wir im ewigen Jetzt leben. Aber niemand kann das so einfach und so wundervoll ausdrücken wie dieser herrliche Lehrer. Seine Ausführungen sind so prägnant, so klar und so weise, daß es für mich unmöglich erscheint, daß irgendjemand sie jemals in Frage stellen könnte. Als die Programm-Moderatoren JZ im Fernsehprogramm Today so schlecht behandelten, warf ich fast meinen Schuh auf das Fernsehgerät, weil ich mich so aufregte. Die Welt ist wirklich schrecklich schlecht informiert.

Ich lerne so viel aus den Ausführungen Ramthas, oder vielleicht erinnere ich mich an so viel, weil ich immer sofort weiß, daß er recht hat, wenn er eine Erklärung für irgendetwas anbietet. Seine Erklärung für die Mißerfolge des Christentums und der Kirchen ist doch so richtig...."

Ja, meine Freunde, diese Geschichte brachte mir Tränen, Lachen, Angst, Liebe, große Bewunderung, Traurigkeit und eine ganze Reihe von anderen Gefühlsregungen. Es ist ein großartiges Buch und mein schönstes Weihnachtsgeschenk.

Aber vor allem schätze ich die wunderbaren Unterschriften von den von mir so bewunderten JZ Knight und Jeff vorne im Buch. Meine Segenswünsche werden immer bei ihnen sein. Ich bin froh, daß sie entdeckt haben, daß das Leben im Jetzt die einzige Art und Weise ist, dieses große Abenteuer zu genießen.

Bitte, empfindet kein Mitleid für mich. Auch ich erlebe ein Abenteuer. Das ganze Leben ist ein großes Abenteuer, und dieses ist so großartig wie jedes andere. Gefängnis ist ein Geisteszustand wie jeder andere auch, und ich kann euch getreulich sagen, daß ich mich nicht eingesperrt fühle. Ich war in der Lage, hier so viel zu tun wie anderswo auch, und ich finde hier ein weites Gebiet zum Lernen. Ich sehe strahlende Gottheit rund um mich, und ich sehe die tiefste Dunkelheit zurückgezogener Seelen. Wenn sie nur wüßten, was sie sich antun. Ich stelle fest, daß ich einigen wenigen helfen kann, aber die meisten wählen ihr Elend und wollen noch keine Hilfe. Das Ganze ist ein wunderbares Schauspiel göttlicher Entfaltung. Diejenigen, die bereit sind voranzuschreiten, finden ihren eigenen Weg. Diejenigen, die nicht bereit sind, lehnen alles ab, um den Zustand beizubehalten, den sie 'genießen'. Ich könnte euch einige haarsträubende Geschichten von hier drinnen erzählen.

Ich habe nur noch sechs Monate vor mir, und dann werde ich frei sein, werde mich wieder frei bewegen können. Ich habe immer noch sehr viele Abenteuer zu erleben... Ich bringe die Sache zu Ende, für die ich hierher kam, und es sieht so aus, als wäre jetzt genau die richtige Zeit dafür. Ich sollte meine 'Mission' hier in etwa sechs Monaten beendet haben, und dann bin ich für die Entlassung vorgesehen. Alles kommt zu einem guten Ende.

Meine Segenswünsche in Liebe und Licht an euch alle.

Wendelle"

Anmerkung des Autors: Wendelle wurde Mitte 1988 entlassen.

Glückskeks

Rick aus Birmingham, Alabama, weiß nur zu gut, wie RAM eine spielerische Geschichte mit einer wirklichen Überraschung beenden kann. Eines Abends war Rick in einem chinesischen Restaurant beim Essen. Er bekam einen Glückskeks, aus dem er das Glückslos herausziehen konnte, ohne den Keks zu zerbrechen. Ricks Vorstellungskraft entwickelte Möglichkeiten, und sein höchst kreativer Geist brachte eine großartige Idee hervor. Er wollte seinem engen Freund John einen wunderbaren Streich spielen.

Rick machte mit John und einigen anderen Meistern, die regelmäßig Ramtha-Videos ansahen und Ramtha-Tonbänder anhörten, aus, daß sie ihn ein paar Abende später in diesem gleichen chinesischen Restaurant zum Essen treffen sollten. In der Zwischenzeit bereitete er alles vor. In diesem Fall nicht die gezinkten Karten, sondern die Glückskekse.

Er schaffte es, das Papierstückchen herzustellen, so daß es in Größe und Farbe dem entsprach, das in einen Glückskeks paßte. Dann schrieb er sorgfältig die Botschaft „Meister, du wirst sehr geliebt" darauf und steckte sie in den Glückskeks. Sein Plan war, daß John annehmen würde, daß RAM ihm persönlich diese Botschaft geschickt hatte.

Rick kam früh beim Restaurant an und gab der Bedienung seinen „geladenen" Glückskeks. Er gab ihr genaue Anweisungen, damit John mit Sicherheit diesen speziellen Keks bekommen sollte, wenn die Glückskekse nach dem Essen serviert würden. Er erklärte, daß sie John einen Streich spielen wollten und daß es wichtig war, daß wirklich er diesen Keks bekam. Als John ankam, machte er der Bedienung ein Zeichen, daß er derjenige sei, und sie stimmte zu, ihre Rolle bei der Verschwörung zu spielen. Die Bühne war bereit.

Alle genossen das Essen in vollen Zügen. Jetzt war der Augenblick für den großen Streich an John gekommen. Rick wartete mit eifriger Vorfreude. Die Bedienung erschien am Tisch, wirkte ganz aufgeregt und sagte, sie müsse mit ihm sprechen. Er ging mit ihr in sichere Entfernung vom Tisch. Dann sagte sie ihm, daß es ihr leid täte, aber irgendwie war der Glückskeks mit den anderen vermischt worden.

Jetzt wußte sie nicht mehr, welcher Keks es war. John würde niemals den „richtigen" Keks bekommen. Das Spiel war verdorben!

Rick kehrte an den Tisch zurück genau in dem Moment, als sich eine andere Meisterin, Arlene, zur Gruppe dazugesellte. Das Gespräch wurde wieder aufgenommen, und Geschichten wurden ausgetauscht über die großartigen Erfahrungen, die jedem einzelnen widerfahren waren, seit RAM in ihr Leben getreten war. Arlene saß schweigend und neidisch da, während sie eine Geschichte nach der anderen anhörte, und alle waren über erstaunliche Ereignisse. Nichts Wunderbares schien sich in ihrem Leben in Verbindung mit RAM ereignet zu haben.

In der Zwischenzeit waren die Glückskekse gereicht worden, und jeder bekam einen. Alle öffneten ihre Glückskekse und lasen ihre Weissagungen mit Vergnügen. Als Arlene ihres nahm, gestand sie klagend der Gruppe, daß RAM ihr noch niemals spezielle Boten gesandt hatte oder sie in irgendeiner ungewöhnlichen Weise angesprochen hatte. Als sie ihr Geständnis beendet hatte, war sie traurig und blickte hinunter, um die Feuchtigkeit hinter ihren Augen zu verbergen und um gleichzeitig ihren Glückskeks zu lesen.

Plötzlich schrie sie auf, stampfte mit den Füßen und weinte vor Lachen und mit unkontrollierbaren Tränen! „Schaut, schaut!" rief sie. „Meister, du wirst sehr geliebt! Es ist von RAM. Ich weiß, daß es von RAM ist!" Jeder außer John wußte, wie der Spruch in ihren Keks gelangt war, aber keiner sagte ein Wort.

Später wurde John in den Kreis der Wissenden eingeweiht, und Rick verpflichtete jeden zur Verschwiegenheit. Arlenes Freude war zu echt, zu bedeutungsvoll - keiner von ihnen würde ihr sagen wollen, wie der Spruch wirklich in diesen Keks geraten war.

Das „Schicksal" hatte den Trick aufgedeckt und eine noch viel bedeutungsvollere Karte ausgespielt. Zu dem Zeitpunkt, wenn du das liest, Arlene, weißt du bereits, daß es keine Zufälle gibt. Der Glückskeks war dafür bestimmt, in deine Hände zu geraten. Die Botschaft war wirklich für dich!

Eine Scheune als Zuhause

Als Meister im ganzen Land das Tonband „Die letzten Tage" von RAM hörten, in dem gesagt wird, wie man sich auf die bevorstehenden turbulenten Zeiten vorbereiten soll, begannen viele, in den Nordwesten umzuziehen. Der wichtigste Gedanke in den Köpfen der meisten Leute war: „Nun, wie schaffe ich es, mein eigenes Zuhause auf dem Land zu manifestieren?" Die meisten von ihnen hatten seit Jahren in der Stadt gelebt. Einige hatten ihre Häuser verkauft und besaßen etwas Bargeld. Viele andere waren mit sehr begrenzten Mitteln umgezogen, aber mit einer Seele voll Mut und Hoffnung.

Carolyn, eine junge Großmutter, gehörte zur Gruppe der letzteren. Sie hatte sehr wenig Bargeld zur Verfügung, aber jede Menge Entschlossenheit, um das Zuhause zu finden, das sie wollte. Ein hilfreicher Immobilienmakler vor Ort zeigte ihr eine ganze Reihe hübscher Höfe, aber Carolyn hatte einfach nicht genug Geld, um ein Angebot zu machen.

Schließlich erzählte er ihr von einem Grundstück von etwa fünf Acre Größe mit nur einer großen Scheune darauf. Er sagte, es gehörte einem Freund von ihm, der ebenfalls im Immobliengeschäft tätig war, und war noch nicht zum Verkauf angeboten worden. Aber er wußte sicher, daß sein Freund daran dachte, es zu verkaufen. Carolyn besichtigte das Grundstück und wußte, daß es genau das war, was sie wollte. Sogar ohne Fertigkeiten als Zimmermann fühlte sie sich in der Lage, die Scheune allmählich in ein gemütliches Zuhause umwandeln zu können.

Sie sagte dem Makler, daß sie dem Verkäufer nur $500 als Anzahlung anbieten könne, aber daß sie wollte, daß dieses Stück Land ihr Eigentum würde. Er ermutigte sie, einen Versuch zu machen. Von seinem Zuspruch gestärkt brachte Carolyn den Mut auf, den Eigentümer anzurufen und mit ihm für später an diesem Tag einen Termin auszumachen.

Als sie ankam, bat der Grundstücksmakler sie, sich zu setzen, sagte ihr, daß er einen Kunden hatte, dem er in der Nähe ein Haus zeigen müsse, und daß er in einer halben Stunde zurück sei. Sie setzte sich und wartete und verbrachte einige Zeit damit, sich selbst auf dem

Grundstück vorzustellen, als wäre es schon ihr eigenes, genauso wie RAM es sie gelehrt hatte. Als der Grundstücksmakler zurückkam, dankte er ihr für ihre Geduld und fragte, was er für sie tun könnte.

Carolyns Herz schlug heftig, aber sie stand auf, ging zu seinem Schreibtisch und sagte ihm, sie wollte das fünf Acre große Grundstück mit der Scheune darauf, das ihm gehörte. Sie sagte: „Ich werde Ihnen $500 jetzt gleich bezahlen und dann monatlich $100, während ich einziehe und die Scheune in ein Zuhause verwandle. Wenn ich es mir leisten kann, mehr zu zahlen oder alles zu bezahlen, dann werde ich es tun. Ich will dieses Grundstück!"

Es war ein erstaunliches Angebot. Sowohl die Anzahlung als auch die monatlichen Raten waren sehr gering! Der Grundstücksmakler sah sie an und glaubte kaum, was er hörte. Dann begann er zu grinsen, worauf schließlich ein breites Lächeln folgte. Er sagte ihr, er bewundere wirklich ihren Mut und daß es sehr erfrischend sei, jemanden zu finden, der wirklich wüßte, was er wollte. Er sagte ihr, er sei sicher, daß sie zu einer Einigung kommen könnten.

Carolyn lebt jetzt seit über einem Jahr auf diesem Hof und ist eifrig dabei, die Scheune in ein Wohnhaus umzuwandeln. Sie baut im Garten Gemüse an und zimmert eine Scheune für Lebensmittelvorräte. Sie ist fröhlich, arbeitsam und zufrieden. Sie weiß, daß sie ihren eigenen Traum verwirklicht hat, ihre eigene Unabhängigkeit, einfach weil sie es wollte, es erkannte und danach strebte.

Für jeden den „passenden" Traum

Pavel und ein mit ihm befreundeter Schriftsteller besprachen die Schwierigkeiten, denen man begegnet, wenn man versucht, einer festen Arbeit nachzugehen und gleichzeitig zu schreiben. Während des Gesprächs empfahl Pavel seinem Freund, daß er sich einen Ferienort suchen sollte, wo er Hausmeister sein konnte. Das würde ihm erlauben, hauptberuflich seinen Roman zu schreiben. Und er fügte hinzu, daß sein Freund dies mit all der Leidenschaft seines Wesens wollen mußte!

In dem Augenblick, in dem er es sagte, erkannte Pavel, daß er in Wirklichkeit von sich selbst sprach. Er war auch Schriftsteller, und eine derartige Stelle, wie er sie da beschrieb, wäre ideal für ihn. Als er darüber nachdachte, wurde seine Aufregung mit jedem Augenblick größer. Seine Fähigkeit zu manifestieren, was er sich wünschte, hatte sich in großem Maße gesteigert. Deshalb war er sehr zuversichtlich. Er lächelte, weil er wußte, daß die unbekannte Zukunft ihm das bringen würde, was er wollte.

Sechs Monate zuvor hatte ein Grundstücksmakler seiner Schwester Vanda ein großes Anwesen auf dem Land gezeigt, wo ein Hausmeister gebraucht würde. Am Tag nach Pavels Gespräch mit seinem Freund rief der Grundstücksmakler an und sagte, daß die Besitzerin jetzt Gespräche mit Paaren führen würde, die die Aufsicht über das Anwesen übernehmen könnten. Er schlug vor, daß Pavel sich überlegen sollte, ob er sich bei dieser Gelegenheit nicht bewerben wollte.

Nachdem der Grundstücksmakler eingehängt hatte, klingelte das Telefon sofort wieder. Es war seine Schwester Vanda. Pavel wußte, daß es kein Zufall war! Pavel fühlte, daß er bereit war, aus dem renovierten Hühnerstall, der im Augenblick sein Zuhause war, umzuziehen in eine Villa auf dem Land. Sie beschlossen, sich gemeinsam für den Job als Hausmeister zu bewerben.

Das Gespräch mit der Besitzerin verlief gut und war äußerst angenehm. Als Pavel die Besitzerin bat, ihn wissen zu lassen, wenn sie eine Entscheidung gefällt hatte, sagte sie, daß sie sich bereits entschieden hatte. Er hatte jetzt die Stelle. Pavel lächelte und dankte schweigend dem Herrn und Gott seines Lebens.

Jetzt ist er der sorglose Hausmeister einer 220 Acre großen Ranch mit einem riesigen Haus mit drei Schlafzimmern in einer paradiesischen Landschaft, mit einem Fluß und Wasserfällen und ausreichend Platz für sein Pferd. Hier verbringt er die meiste Zeit mit Schreiben. In der Tat war der Traum, den er für seinen Freund vorhergesehen hatte, in Wirklichkeit sein eigener gewesen.

Eine großartige Anerkennung

Steve erzählt, wie das Interview mit Windwords für die Rubrik Große Götter in der Ausgabe vom April 1988 in Wirklichkeit seine eigene Manifestation war. Er sagte, daß er bei den verschiedenen Intensivtreffen, die er besuchte, wie alle anderen auch jedesmal, wenn RAM den Mittelgang entlangging, den starken Wunsch verspürte, von RAM Anerkennung zu erfahren. Er wollte eine Berührung, einen Blick, ein oder zwei persönliche Worte.

Während die anderen um ihn herum auf eine Berührung oder ein Lächeln hofften, war Steve eifrig damit beschäftigt, sie zu belächeln, obwohl er wußte, daß er genau das gleiche erhoffte. Er wollte es nur vor sich selbst nicht zugeben.

Eines Abends, als er gerade duschte, überkam Steve das Verlangen, bei einem Treffen mit RAM Anerkennung zu bekommen. Das Gefühl war so stark, daß er den Herrn und Gott seines Lebens anrief, es Wirklichkeit werden zu lassen. Er hatte keine genaue Vorstellung, wie dieses Ereignis ablaufen sollte, er hatte einfach ein unglaublich starkes Gefühl.

Ein paar Stunden später erhielt er einen Anruf vom Herausgeber von Windwords, der ihn um ein Interview bat. Steve nahm sofort mit großer Freude an! Wenn man die riesige RAM-Anhängerschaft von Abonnenten und Lesern bedachte, dann war sein Wunsch nach Anerkennung ganz sicher wahr geworden, wenn auch auf unerwartete Weise. In der Tat erkannte Steve, daß seine Manifestation sogar viel größer war, als er sie sich vorgestellt hatte!

Das UFO von New York City

Eines Abends in den frühen Achtziger Jahren hielt RAM ein Intensivtreffen in New York City ab. Es war die Zeit für eine Pause gekommen, und als die Teilnehmer den Saal verließen, ging RAM auf schnellstem Weg zum Balkon, der den Blick über die ganze Stadt bot. Tom, einer der beiden Meister, der mit RAM auf der Bühne anwesend war, ging mit ihm hinaus. Die beiden standen schweigend da und atmeten die kühle Nachtluft ein, während sie in den mit Sternen übersäten Nachthimmel über ihnen blickten.

Während er schweigend nachdachte, hatte Tom plötzlich einen Einfall und teilte ihn RAM mit. „Es wird herrlich sein, wenn wir unsere Hände zum Himmel erheben und ein UFO erscheinen lassen können. Ich weiß, eines Tages werden wir die Macht haben." Er schaute RAM an, um eine Bestätigung für die Richtigkeit seines Gedankens zu erhalten.

RAM blickte intensiv zurück. Mit einem plötzlichen Zwinkern in den Augen erhob er seine Hände in der Triadenform zum Himmel. Sofort tauchte nah über ihnen ein riesiges kreisförmiges UFO auf! Tom hielt vor Staunen den Atem an. Mit weit aufgerissenem Mund starrte er die große metallische Untertassenform an, die über ihnen schwebte. Sie blinkte mit grünen, roten und blauen Lichtern.

Sie waren nicht die einzigen, die das riesige Fahrzeug in Form einer Untertasse am Himmel sichteten. Tausende von Einwohnern von New York City, die in diesem Augenblick zufällig in den Himmel blickten, konnten diesen gleichen, ehrfurchtgebietenden Anblick erleben. Die Zentralen von örtlichen Radio- und Fernsehstationen wurden mit Anrufen bombardiert. Von diesem Ereignis wurde am folgenden Morgen auf der ersten Seite in allen Zeitungen berichtet.

So viele Leute hatten die gleiche spektakuläre UFO-Erscheinung gesehen und darüber berichtet, daß diese Nachricht die Runde machen mußte. Das einzige, was nicht bekannt wurde, war die Tatsache, wie und warum dieses spezielle UFO in dieser magischen Nacht so geheimnisvoll über New York City aufgetaucht war. Das also, wie ein berühmter Nachrichtensprecher sagen würde, „war der Rest der Geschichte."

RAM im Gefängnis

Sogar Gefängnisinsassen erlebten wunderbare Veränderungen in ihrem Leben durch die Erscheinung von RAM. Das folgende ist aus einem offenen Brief von Gary, einem Gefangenen im Staatsgefängnis von Arizona, aus dem Jahre 1987.

„Laßt mich ein bißchen über mich selbst erzählen. Meine Abenteuer und meine Selbsterschaffung umschlossen die Erfahrung, einen kleinen Teil der 'Illusion, genannt Zeit', im System des Gefängnisses von Arizona zuzubringen. Diese Erfahrung erwies sich als das erstaunlichste Abenteuer von allen.

Ich begann diese wundersame Reise am 13. August 1985, und wißt ihr, was passierte? Das erste Wunder, das geschah, war, daß sie mich in eine Zelle neben einen Schriftsteller und Piloten steckten. Ich bin berufsmäßiger Pilot, also verstanden wir uns sofort sehr gut. Also, dieser Typ hatte, seit er ins Gefängnis kam, insgesamt neunzehn UFO-Bücher geschrieben. Er hatte die Forschungsarbeit für diese Bücher bereits als Air-Force-Pilot während der vergangenen zwanzig Jahre betrieben. Da er ein Schriftsteller war, hatte er im ganzen Land Schriftsteller als Freunde. Dazu gehörte auch Shirley MacLaine, mit der er umhergereist war, um Landeplätze von UFOs zu untersuchen.

Zunächst bot er mir ihre Bücher zum Lesen an, die ich wirklich sehr liebte. Als er sehen konnte, daß mein Geist offen und ich hungrig nach mehr war, zog er ein unvollendetes Manuskript hervor, ein Exemplar, das einfach auf normalem Schreibmaschinenpapier getippt worden war. Das war im Oktober 1985 und stellte meine erste Hinführung zu Ramtha dar. Seit diesem wunderbaren Augenblick ging es einfach immer weiter, daß Ramtha in mein Leben hineinfloß, und zwar durch ein wunderbares Paar, die langjährige Freunde von meinem Pilotenfreund waren.

Mein Freund und ich - wir werden beide freigelassen, wenn im Frühling wieder die Sommerblumen zu blühen beginnen - 'das wird sehr bald sein'. Wir sind beide dankbar, und wir nennen diese Gefängniserfahrung 'Die Schule der Götter', denn wir wurden darauf vorbereitet, in den Tagen der Veränderung furchtlos zu sein. Und wir haben süße Liebe und zartes Mitleid für alle Menschen und für die Natur gefunden.

Wir haben dort Ausbildungsprogramme wahrgenommen in Zimmerei und Gartenbau, deshalb kann ich jetzt meine eigene 'Scheune' von Grund auf bauen und mir meine eigene Nahrung anpflanzen. Ich bin zu völliger Demut bekehrt worden. Dafür sage ich dem Gott meines Lebens Dank. Ich habe gelernt, auf kleinem Raum zu leben und dabei im Innersten glücklich zu sein. Ich wasche meine Kleider in einem Eimer und hänge sie auf einem Zaun zum Trocknen auf. Das ist eine ziemliche Umstellung nach einem Haus mit acht Schlafzimmern, zwei Badezimmern und zwanzig Acre Grund, das mir einmal gehörte, aber all das war es wert, weil ich jetzt Ramtha in meinem Leben habe."

Anmerkung des Autors: Gay wurde zu Beginn des Jahres 1988 entlassen.

Weg von den Drogen

Thomas, ein liebenswerter und kreativer Meister aus Kalifornien, erzählt, wie sein Stiefsohn von der Drogenabhängigkeit kuriert wurde. Sein Stiefsohn Kurt war in den vergangenen Jahren auf immer niedrigere Ebenen des Bewußtseins abgesunken. Er war schließlich so drogenabhängig geworden, daß er nach einem Anfall, der ihn an die Schwelle des Todes gebracht hatte, seinen Stiefvater Thomas anrief und ihn um Hilfe bat, damit er von seiner Abhängigkeit loskommen konnte. Kurt wollte, daß Thomas in eine mehrere hundert Meilen entfernte Stadt fuhr und ihn abholte. Er sagte, er sei pleite, sei krank und bräuchte sofort jede Menge Hilfe.

Da Thomas wußte, daß es weise ist, nur denen zu helfen, die sich selbst helfen, sagte Thomas zu Kurt, daß er ihm wirklich helfen würde, seine Abhängikeit zu kurieren, aber nur unter gewissen Voraussetzungen. Zunächst mußte er erst einmal seinen eigenen Weg in das Haus von Thomas finden. Und zweitens mußte Kurt buchstabengetreu seinen Behandlungsratschlägen folgen. Da gab es ein längeres Schweigen am anderen Ende der Telefonleitung, ehe Kurt abrupt einhängte. Kurt wollte offensichtlich gerettet werden, aber die Bedingungen mußte er erst überdenken.

Früh am nächsten Tag war ein lautes Klopfen an Thomas' Tür zu hören. Er öffnete die Tür und fand einen sehr krank aussehenden Kurt dort stehen. Thomas bat ihn herein, gab ihm zu essen und sagte ihm, daß seine Therapie sofort beginnen würde. Er setzte Kurt auf eine Couch vor das Fernsehgerät und teilte ihm mit, daß er wollte, daß er nichts tat außer essen, schlafen, Ramtha-Videos anschauen und Ramtha-Tonbänder anhören, und das den ganzen nächsten Monat lang.

Zuerst widersetzte Kurt sich, versuchte abzublocken, was Ramtha sagte, oder schlief ein. Thomas war freundlich, aber bestimmt. Er weckte Kurt immer wieder auf und erinnerte ihn daran, daß er sich, wenn er sich von seiner Drogenabhängigkeit befreien wollte, an die abgemachten Bedingungen halten mußte.

Kurt hörte allmählich auf, sich gegen die Weisheit und Liebe RAMs zu sträuben, und begann, sich auf jede Tonband- und Video-Lektion zu freuen. Bald wußte er, daß er nicht nur RAM liebte und respektierte, sondern daß RAM nur sein Spiegel war. Da begannen Liebe und Respekt für sein eigenes Selbst zu wachsen.

Einen Monat später, als Thomas „offiziell" seine einzigartige Drogentherapie beendete, war Kurt ein neuer Mensch. Er fühlte keinerlei Zwang mehr, sich durch Drogen und Alkohol selbst zu zerstören. Heute hat er das glänzende Licht seines eigenen Wesens gefunden. Wie so viele andere Personen, die einst verloren waren, jetzt aber glücklich sind, weil RAM in ihr Leben trat, ist er von den Drogen weggekommen!

Ein Telefonanruf für $500

Dick, ein Meister aus Oregon, hatte viele der RAM-Intensivtreffen besucht. Eine der Lehren, die wirklich in seinem Kopf haften geblieben ist, war das Prinzip des „so tun als ob", und das immer und immer wieder. Bald sollte dieser Anspruch eine lebendige Realität werden. Dick setzte dieses Prinzip so ein, daß er geistige Dialoge mit RAM führte. Immer wenn er Dinge durchdenken oder irgendeine Sache aussprechen mußte, dann führte er ganz einfach ein zweiseitiges Gespräch mit RAM in seinem eigenen Inneren.

Nachdem er diese zweiseitigen Dialoge mehrere Monate lang geführt hatte, befand sich Dick in einer besonders schwierigen Lage. Zweifel beschlichen ihn, und er stellte in Frage, ob er wirklich zweiseitige Dialoge mit RAM führte. Als er diese Frage sich selbst stellte, hörte er tatsächlich die Stimme RAMs, die ihn erinnerte: „Erinnerst du dich an 'so tun als ob'? Wirklich, du hörst meine Stimme!" Weitere zwei Jahre führte Dick diese Gespräche.

Dann teilte er eines Tages RAM mit, daß er von Oregon nach Washington umziehen wollte, daß er aber einfach nicht genug Geld hatte, um den Umzug zu bezahlen. Ganz deutlich hörte er die Stimme von RAM sagen: „In der Tat, wären $500 genug?"

Die Zeit verging, und immer noch hatte er kein Geld. Dann bekam Dick eine Arbeit, in der er Botenfahrten ausführen mußte. Es gab zwei spezielle Telefonzellen, die ganz praktisch neben der Straße standen, wo er normalerweise anhielt, um die notwendigen Telefongespräche zu machen, während er auf seinen Fahrten unterwegs war. Es waren offene Sprechzellen, bei denen rundherum Abfall und Müllhaufen lagen. Eines Tages passierte es, daß Dick, während er eine Nummer wählte, auf einem der Abfallberge neben der Telefonzelle einen dicken Umschlag entdeckte. Während er wartete, daß sein Anruf durchgestellt wurde, griff er geistesabwesend nach dem Umschlag.

Er öffnete ihn und sah ein Bündel Zehn- und Zwanzig-Dollar-Noten darin. Ihm fielen fast die Augen aus, und sein Herz schlug heftig. Er hängte schnell den Hörer wieder ein und leerte den Umschlag aus.

Langsam zählte er die Scheine, es waren vierhundertundachtzig Dollar - genug, um von fünfhundert Dollar zu sprechen!

Dick schaute sich besorgt um, aber er konnte niemanden in Sichtweite entdecken. Offensichtlich hatte jemand den Umschlag fallen lassen, während er telefonierte. Er kämpfte mit der Entscheidung, ob er noch ein bißchen wartend herumstehen sollte oder ob er das Geld einfach als seines betrachten und sich schnell davonmachen sollte. Nachdem er kurz darüber nachgedacht hatte, entschloß er sich, seine Botenfahrten fortzusetzen und später wiederzukommen, um zu sehen, ob jemand da war, der Anspruch auf das Geld anmeldete. Er steckte den prall mit Geld gefüllten Umschlag in seine Jackentasche und ging mit viel leichteren Schritten seines Weges.

Zwei Stunden später hatte Dick seine Aufträge erledigt und war auf dem Heimweg. Er hielt wieder an der Telefonzelle an. Als er aus seinem Lieferwagen ausstieg und zur Telefonzelle hinüberging, sah er einen kleinen Jungen, der an der Telefonzelle stand und weinte. Schnell ging er zu ihm hin und fragte den Jungen, ob er Hilfe bräuchte. Der Junge sagte ja, er wollte seine Mutter anrufen, aber er hatte keinen Vierteldollar. Dick beruhigte den Jungen, gab ihm den Vierteldollar und half ihm die Nummer wählen.

In diesem Augenblick fuhr die Mutter des Jungen bei der Telefonzelle vor. Da sie spät dran war, hatte sie schon nach ihrem Sohn Ausschau gehalten. Sie waren sehr erleichtert, sich gegenseitig zu sehen. Die Frau wandte sich zu Dick und fragte: „Versuchten Sie, Timmy zu helfen?" Dick nickte.

Die Frau dankte ihm überschwenglich und sagte ihm, wie wunderbar es von ihm war, daß er helfen wollte und daß er sicher irgendwie seinen Lohn erhalten würde. Dick nahm das Lob an und wußte in diesem Augenblick, daß das Geld in seiner Tasche für ihn bestimmt gewesen war. Leichten Herzens machte er sich auf seinen Weg, dankte für seine plötzliche Ernte an Bargeld und erinnerte sich an die Stimme von RAM, die sagte: „In der Tat, wären $500 genug?"

Ein Lächeln von RAM

Anna berichtet uns von einem „persönlichen Wunder", das sie erlebt hat. Sie teilt es uns in der Hoffnung mit, daß es anderen Meistern Verständnis bescheren kann, die ähnlichen Herausforderungen gegenüberstehen.

„Im Oktober 1981 war ich zum ersten Mal bei einem Treffen mit RAM. In jenen Tagen durften Meister, die noch niemals zuvor bei einem Treffen waren, ganz vorne in der Versammlung sitzen, und es wurde ihnen praktisch ein persönlicher Kontakt mit RAM zugesagt. Sofort wußte ich, daß RAM der war, der er zu sein behauptete. Noch niemals in meinem ganzen Leben war ich in der Gegenwart von so viel Liebe gewesen, von so allumfassendem, unbegrenztem Gefühl. Ich fühlte so viel Liebe für ihn und wußte, daß er mich auch liebte. Er liebte uns alle, er war Liebe!

Und dieses Lächeln von ihm war wie die Sonne selbst. Ich sah ihn ganz bestimmten Personen in der Zuhörerschaft zulächeln, und es sah aus wie eine riesige Umarmung der Seele. Als jedoch RAM mich aufrief, bekam ich kein solches Lächeln. Stattdessen bekam ich ein sehr abruptes „Und du, mein Fräulein?"

Ich stellte meine Frage, und Ramtha antwortete mit Humor und Liebe, aber mit sehr wenig von dem, was man Wärme nennen könnte. Ganz klar fühlte ich, daß ich auf Armeslänge Abstand gehalten wurde. Ich hatte als Reaktion auf diese Behandlung sehr gemischte Gefühle.

Fast jedesmal, wenn RAM in den nächsten zwei oder drei Jahren in New York City war, befand ich mich in seiner Zuhörerschaft. Niemals mehr hat er mich aufgerufen. Ich erinnere mich nicht einmal daran, meine Hand gehoben zu haben, um aufgerufen zu werden. Vielleicht hatte ich Angst davor, übersehen zu werden. Ich erinnere mich daran, daß ich mich in seiner Zuhörerschaft immer leicht fehl am Platz fühlte. Ich ging normalerweise allein hin und fühlte mich mit den anderen dort anwesenden Leuten niemals sehr verbunden. Ich versuchte, unsichtbar zu sein und einen Platz für mich allein zu haben.

Dann zog ich in den Westen um, und beim nächsten Mal sah ich RAM bei einem der ersten Intensivtreffen in Seattle im Januar 1984, beim Verständnisvollen Meister. Es muß nicht extra gesagt werden, daß es eine großartige Unterweisung war, und ich bin erstaunt, daß ich mich an so viel davon erinnere, denn ich verbrachte die meiste Zeit bei diesem Treffen weinend. Ich wußte wirklich nicht warum. Ich war nicht wirklich hysterisch, es war nur so, daß unablässig ein Strom von Tränen mein Gesicht hinunterrann.

Irgendwann wurde mir plötzlich klar, daß ich ein Lächeln von RAM wollte. Eine dieser umfassenden, vorbehaltslosen, ätherischen Umarmungen! Ich hatte gesehen, wie er sie anderen geschenkt hat, aber niemals mir! Gegen Ende des Tages stellten wir uns auf, um unsere Geschenke von RAM zu erhalten, noch nicht blühende Blumenzwiebeln in einem Topf. Als ich mich ihm näherte, um meine Blume zu erhalten, bekam ich ein Kopfnicken von ihm. Und nichts mehr.

Später stellten wir uns für ein Glas Wein für unseren abschließenden Segensspruch bei diesem Intensivtreffen auf. Wieder näherte ich mich RAM, als ich an der Reihe war, und wieder erhielt ich nur ein Kopfnicken. Ich weinte nicht mehr, ich war verwirrt und ärgerlich. Warum verdiente ich nicht eines dieser Lächeln? Das wollte ich wissen.

Auf meiner Fahrt zurück nach San Francisco begannen meine Tränen wieder zu fließen. Immer wieder dachte ich über dieses Wochenende nach, und ich wollte es wissen! Wie ein Blitz tauchte plötzlich eine Vision auf. Sie war in einem Augenblick schon vorbei, jedoch in diesem Moment sah ich das ganze Bild. In diesem kurzen Moment wußte ich, daß ich niemals ein Teil der Armee RAMs gewesen war, als er auf seinem Feldzug unterwegs war. Vor fünf-unddreißigtausend Jahren war ich ein Tyrann, und ich wollte RAM töten. Ganz deutlich sah ich meine Rolle. Nein, ich war nicht derjenige, der tatsächlich das Schwert durch seinen Körper bohrte, aber ich wollte es tun, und ich hätte es getan, wenn ich die Gelegenheit dazu gehabt hätte. Als sehr reicher und mächtiger Tyrann ließ ich Armeen gegen RAM antreten, obwohl ich wußte, daß er die Wahrheit sagte. Ehe ich meinen Reichtum und meine Macht aufgab, wollte ich ihn lieber tot sehen!

Fünfunddreißigtausend Jahre lang hatte ich gewartet, daß RAM mir Vergebung gewährte. Deshalb war dieses Lächeln so wichtig für mich. Wenn ich eines dieser Lächeln bekommen könnte, würde ich wissen, daß er mir vergeben hatte. In diesem Augenblick der Enthüllung wußte ich, warum er mir niemals 'das Lächeln' gegeben hatte. Durch meine Tränen hindurch lachte ich laut auf , als ich das Spiel erkannte, das RAM mit mir gespielt hatte. Es kümmerte ihn natürlich nicht länger, ob ich versucht hatte, ihn zu töten oder nicht! Er mußte mir nicht vergeben, sondern ich mußte das tun!

In diesem Moment, in meinem Lachen, vergab ich mir selbst. Sofort fühlte ich, wie mein ganzer Körper vom größten Lächeln eingehüllt wurde, das ich je erlebt hatte, als RAM mit mir zusammen lachte!! Natürlich schenkte mir RAM zuvor niemals dieses Lächeln. Indem ich auf ihn schaute und auf Vergebung wartete, gab ich meine Macht an ihn ab. Wenn er mir das Lächeln geschenkt hätte, ehe ich mir selbst vergeben hatte, dann wäre es wie eine Bandage auf einer eiternden Wunde gewesen. Für den Augenblick hätte es sich gut angefühlt, aber die Wunden der Schuld hätten niemals heilen können. Ich hätte nichts dabei gelernt.

Seit diesem Intensivtreffen war ich niemals mehr bei einer Zusammenkunft mit RAM. Ich hatte mich dazu nicht gerufen gefühlt. Er ist meinem Herzen nahe und ist immer da, wenn ich ihn rufe. In diesem 'persönlichen Wunder' finde ich zwei sehr wichtige Tatsachen zum Verständnis, wer RAM ist und wie er lehrt.

Zunächst ist er in seinen Unterweisungen völlig tadellos. Wieviele Male hat er gesagt: 'Schaut um Vergebung auf niemand anderen als auf euch selbst. Sonst gibst du ihnen deine Macht. Vergib dir selbst!' Er tut das, was er lehrt, ohne Ausnahme. Die andere wichtige Tatsache zum Verständnis ist, daß RAM genau weiß, was du und ich als Individuen brauchen! Sogar in einer Zuhörerschaft von mehreren hundert Leuten wird jedem persönliche, individuelle Aufmerksamkeit geschenkt, so wie sie jeder einzelne braucht, um seine eigene bewußte Göttlichkeit in sich selbst zu erreichen."

Der Schmetterling in unserer Pyramide

Während der ersten beiden Tage 1988 in Snow Mountain sprach RAM ausführlich über die Ähnlichkeit zwischen einer Raupe, die sich in einen Schmetterling verwandelt, und dem Erwachen von schlafenden Gottheiten. Unser Erwachen wird uns so vollständig verwandeln wie die Raupe, die als schlanker und wunderbar hübscher Schmetterling aus der Puppe ausschlüpft, wenn sie frei wird von ihren früheren Begrenzungen.

Gayle und Angie saßen unter einer offenen, acht Fuß großen Pyramide, die auf einer grünen Wiese in ihrem Weideland im Staat Washington aufgestellt war. Angie erzählte Gayle, wie sie so viele Dinge wiedererkannte und sich zu eigen machte, seit sie vom Treffen in Snow Mountain zurückgekehrt war. Sie stimmten darin überein, daß dies die Art ist, wie eine schlafende Gottheit sich in einen rauschenden Schmetterling verwandelt. Gayle hatte gerade davon erzählt, wie vielen Begrenzungen sie ausgesetzt war.

In diesem Augenblick hörten sie beide auf zu sprechen. Sie sahen beide einen großen, hübschen, vielfarbigen Schmetterling, der vor der Pyramide durch die Luft flatterte. Fast gleichzeitig riefen sie beide laut aus, daß der Schmetterling doch zu ihnen kommen möge. Während sie ihn beobachteten, flog der Schmetterling plötzlich eine enge Kurve und dann direkt in die Mitte ihrer Pyramide. Er segelte hoch über ihnen, kam dann herunter und streifte Gayle am Arm. Dann landete er vor Angies Füßen. Während die Mädchen erstaunte Ausrufe von sich gaben, blieb er vor Angies Füßen sitzen, dann flog er wieder weg und auf Angies Arm, blieb dort einen Moment sitzen, ehe er sich in die Luft erhob und über ihnen davonsegelte.

Gayle und Angie platzten fast vor Freude und Gelächter, als sie herumtanzten und sich gegenseitig umarmten. Sie fühlten alle beide, daß das genau passende Erscheinen des Schmettelings ein Symbol war für ihr Gespräch und für ihr Vorwärtskommen bei dem Versuch, ihre Verpuppung abzustreifen. Sie waren dabei, selbst als Schmetterlinge auszuschlüpfen, und waren sich ganz sicher, daß RAM oder der Herr und Gott ihres Lebens ihnen eine Bestätigung geschickt hatte, daß sie wirklich auf dem richtigen Weg waren.

Offen für eine andere Dimension

Jessica, eine lebhafte Meisterin aus Tenino mit rabenschwarzen Haaren, erzählt, wie sie durch eine persönliche UFO-Erfahrung in eine neue Dimension des Bewußtseins gehoben wurde. Sie war total pleite, als sie in Washington ankam, wünschte sich aber sehr, einen Ausflug zum Mount Rainier zu machen. Es war eine große Sehnsucht in ihrer Seele. Sie versprach sich selbst, wenn sich Geld für Benzin materialisieren würde, daß sie dann mit ihrem Pick-up in die Berge fahren und dort einen ganzen Tag verbringen würde.

Einige Tage später kam mit der Post ein unerwarteter Scheck über $75 von einem Freund an. Jessica kaufte Lebensmittel, und als sie sich an ihr Versprechen, zu diesem großartigen Berg zu fahren, erinnerte, füllte sie den Tank auch mit Benzin auf. Früh am nächsten schönen Morgen fuhr sie in den Park zum Cougar Camp und wanderte auf einem grünen Bergpfad an einem sanft dahinfließenden Fluß entlang. Den ganzen Tag verbrachte sie am Ende dieses Pfades. Sie sog die schöne Aussicht in sich ein und atmete die frische Bergluft mit einem Eifer und einer Leidenschaft, die für sie so typisch sind.

Die Nacht kam sehr schnell, deshalb ging sie wieder zu ihrem Pick-up zurück und fuhr langsam wieder aus dem Park hinaus. Dunkelheit war hereingebrochen, und der Nachthimmel über ihr war mit glänzenden Juwelen übersät. Sie hatte eine Wegstrecke zwischen dem Park und Ashford erreicht, einer kleinen Stadt, die noch einige Meilen vor ihr lag, als sie das entdeckte, was ihr zunächst als großer roter Ballon erschien, etwa auf der Höhe der Baumspitzen und ein paar tausend Yards abseits der Straße. Ihre Neugierde wuchs, und sie hielt langsam am Straßenrand an. Dann stieg sie aus und ging in die Dunkelheit, um eine bessere Sicht auf den roten Ballon zu erlangen. Zu ihrer Überraschung materialisierten sich noch zwei weitere Ballons, jeweils etwas weiter seitlich vom ersten, in etwa hundert Yard Abstand. Ihre Augen wurden groß vor Staunen, und sie sah, wie die Ballons anfingen, an Größe zuzunehmen. Ein goldener Lichtschein war jetzt um alle drei zu sehen. Sie beugte sich vor und strengte sich an, um deutlicher zu sehen. Ihr Herz klopfte wild.

Zu ihrem Ärger kam in diesem Augenblick ein Auto um eine Straßenbiegung, und die Scheinwerfer begannen das Gebiet auszuleuchten, als es näher kam. Sie hoffte, daß es schnell weiterfahren würde, so daß sie ungestört die Objekte betrachten konnte, aber das Auto kam immer näher auf sie zu. Es fuhr ziemlich schnell, so daß es bald dröhnend an ihr vorbeifuhr. Jessica blickte gespannt wieder zurück auf die drei roten Objekte. Sie waren jedoch nirgends zu sehen. Sie suchte weiterhin den Himmel in diesem Gebiet ab, weil sie hoffte, daß sie sie irgendwo wiedersehen würde.

Ganz plötzlich erschienen sie wieder an der gleichen Stelle, wo sie auch vor dem Auftauchen des vorbeifahrenden Autos gewesen waren. Jessicas Herz tat wieder einen Satz. Ihr Rückgrat kribbelte. Sie beobachtete, wie die drei Fahrzeuge sich wieder auf sie zu bewegten. Jetzt wurde sie unruhig und ging nervös zurück zu ihrem Pick-up und stieg ein. Sie schaute mit höchster Verwunderung. Rund um die Fahrzeuge sah sie wirbelnde Lichter. Eines nach dem anderen tauchten sie mit einem sanft zischenden Geräusch direkt über ihren Kopf hinweg und verschwanden dann. Sie waren fort.

Jessica hat immer noch den Moment in Erinnerung, als jedes der Objekte direkt über dem Pick-up dahinstrich und dann in die Nacht hineintauchte. Diese Erfahrung eröffnete für sie eine völlig neue Realität. Sie las oder hörte nicht länger nur von UFOs, jetzt hatte sie persönlich drei davon ganz aus der Nähe gesehen.

Zwei Wochen später fühlte sie sich um zwei Uhr morgens gezwungen hinauszugehen. Als sie nach oben blickte, sah sie einen riesigen weißen Kreis, der hoch am Himmel über ihr schwebte. Sie konnte in diesem Kreis ganz deutlich die Form einer Pyramide erkennen. Von der Mitte der Triade ging ein kleiner heller Punkt von kobaltblauem Licht aus. Das Gebilde hing fast eine halbe Stunde über ihr und verschwand dann urplötzlich aus der Sicht.

Sie hatte das Gefühl, daß diese beiden Sichtungen miteinander in Verbindung standen und dazu gedacht waren, sie für neue Bereiche des Verständnisses aufzuschließen. Zwei Wochen später begann RAM über die Triade zu lehren, und Jessica war ganz scharf darauf, alles darüber zu lernen, was sie nur konnte.

Sofort eine Schreibmaschine

Ross erzählt, wie er im Juni 1988 mit Tom, dem Besitzer eines Maschinenladens in Yelm, Vereinbarungen getroffen hatte, damit dieser seine gebrauchte elektrische IBM-Schreibmaschine für ihn verkaufte. Er stellte die Schreibmaschine in sein Auto, weil er wußte, daß er eines Tages sicher bei Toms Laden vorbeikäme. Einige Tage vergingen.

Dann beschloß Ross eines Tages, an einer Obsthandlung im Ort anzuhalten und Kirschen zu kaufen. Als er mit den Kirschen zu seinem Auto zurückkehrte, bemerkte er, daß die Schreibmaschine immer noch auf dem Rücksitz stand, und fand, daß es jetzt an der Zeit war, sie zu Tom zu bringen.

Ein paar Minuten später war er vor Toms Laden. Er parkte und hob die schwere Maschine aus seinem Auto, um sie hineinzutragen. Der Tag war schön und warm, deshalb stand die Ladentür weit offen. Er ging hinein, mit der Schreibmaschine in den Händen.

Als er den Laden betrat, wurde er mit Jubel und Geschrei begrüßt. Er sah sich um und sah, wie Tom, Elizabeth und Maura wie verrückt herumsprangen, lachten und riefen: „Da ist sie!" „Toll!" „Schau, er hat eine Schreibmaschine in der Hand!"

Ross war von dem Riesenrummel verwirrt, aber stimmte trotzdem in ihr fröhliches Lachen mit ein. Dann erklärte Tom, daß Maura soeben vor einer Minute gesagt hatte, daß sie eine Schreibmaschine brauchte, um eine Buchzusammenfassung zu schreiben. Sowohl er als auch Elizabeth hatten sie ermutigt, eine zu manifestieren. Maura hatte zugestimmt, und während sie beide zuschauten, hatte sie ihre Hände in Triadenform gehalten und laut und nachdrücklich gerufen, daß sie „sofort" eine Schreibmaschine wollte. Kaum hatte sie mit „So soll es sein!" geendet, als Ross zur Tür hereinmarschiert kam und eine Schreibmaschine trug.

„Weniger als eine halbe Minute war vergangen, ehe sich eine Schreibmaschine für sie materialisiert hatte", sagte Ross. Er fügte hinzu: „Wunder werden heutzutage wirklich eine ganz normale Lebenserscheinung."

Von Geist zu Geist

Dana aus Südkalifornien erzählt uns von ihrer großartigen Erfahrung mit RAM auf dem Intensivtreffen von 1987 in San Diego. RAM machte seine Runde durch den Saal, wobei er immer wieder stehenblieb, um mit verschiedenen Leuten zu sprechen. Dana blickte nach vorne, als RAM von hinten den Gang entlangkam. Er blieb stehen und begann nach einem Augenblick des Schweigens mit der Frau zu sprechen, die direkt hinter Dana saß. Sie staunte über die Dinge, die gesagt wurden, wollte aber ihren Kopf nicht drehen, um RAM direkt anzuschauen. Irgendetwas sagte ihr, daß sie ganz ruhig sitzen sollte, einfach nur dasein und zuhören.

Von Zeit zu Zeit, während RAM mit der Frau sprach, sagte Dana zu sich selbst: „Ich wünschte, er würde das zu mir sagen." Während der paar Minuten, die das Gespräch dauerte, wiederholte sie für sich mehrmals diesen Gedanken.

Plötzlich fühlte sie die Elektrizität von RAMs Händen auf ihren Schultern. Sanft drehte er ihren Körper zu sich um. Sie blickte in seine Augen, während er ihre Schultern liebevoll drückte und dann seine Hände langsam über ihr Gesicht, über ihren Kopf und durch ihre Haare bewegte. RAM schaute voll Liebe tief in ihre Augen und sagte mit viel Ausdruckskraft nur ein Wort: „Lady." Dann schenkte er ihr ein abschließendes Lächeln und ging dann weiter auf seinem Weg den Gang entlang, um zu anderen in der Zuhörerschaft zu sprechen.

Während der paar Minuten des Gesprächs mit der Frau hinter ihr, sagte Dana, daß es schien, als starrten alle neben ihr und vor ihr direkt auf sie. Natürlich wußte sie, daß sie auf RAM blickten, der direkt hinter ihr stand.

Nach der Versammlung ging sie ihrer Wege und fühlte sich wunderbar. Sie schlief in dieser Nacht gut und wachte am nächsten Morgen voll Freude auf. Beim Frühstück im Hotelrestaurant setzte sich ihre Freundin Ann neben sie und fragte, was RAM am Tag zuvor in der Versmmlung mit ihr gesprochen hatte.

„Oh, nein, meine Liebe", erklärte sie Ann, „nicht mit mir. RAM sprach mit der Frau, die hinter mir saß."

Anns Augen weiteten sich, und sie schüttelte den Kopf. „Nein, Dana, RAM stand für einige Minuten da und blickte direkt von hinten in deinen Kopf hinein. Er sagte überhaupt nichts. Es war mucksmäuschenstill im Saal. Jeder glaubte, daß er im Geiste mit dir sprach."

In einem plötzlichen Gefühlsturm brach Dana in Tränen aus. Sie wußte, daß das, was Ann sagte, der Wahrheit entsprach. Die Frau, mit der sie wünschte, daß RAM so sprechen sollte, war sie selbst! Sie erinnerte sich an RAMs Worte und die wunderbaren Gefühle, die sie dabei gehabt hatte, und schluchzte vor übergroßer Freude.

„Er hat wirklich mit mir gesprochen!" sagte sie mit einem glücklichen Blinzeln in den Augen, als sie mir diese wunderbare Geschichte erzählte. Ihre Schwester Angela fügte hinzu, daß Dana, als sie vom Intensivtreffen in San Diego zurückkam, wie ein plätschernder Bach war, geladen mit Energie. Warum auch nicht? Offensichtlich hatte RAM mit ihr von Geist zu Geist und von Seele zu Seele gesprochen!

Macht für eine Alphabettafel

Damon aus Kalifornien erzählt, wie er seine Macht an eine Alphabettafel weggegeben hat, anstatt sein eigenes Schicksal zu bestimmen. Er war mit einem intensiven Interesse an metaphysischen Dingen aufgewachsen, las alle möglichen Bücher, nahm an allen möglichen Kursen teil und versuchte, den Weg zu finden, um göttliches Bewußtsein zu erreichen. An Weihnachten 1985 wurde ihm eine Alphabettafel geschenkt.

Einen Monat zuvor hatte er am Thanksgiving Day eine Frau namens Rose getroffen, die sich für eine solche Alphabettafel interessierte. Da er niemanden anderen wußte, der gerade Zeit hatte, bat er Rose, sich mit ihm hinzusetzen und die Alphabettafel auszuprobieren. Sie willigte ein, und sie setzten sich hin und versuchten es. Augenblicklich wurde die Tafel lebendig. Von Buchstabe zu Buchstabe bewegten sich ihre Hände schnell und buchstabierten die Worte „Liebet euch".

Damon war über den Erfolg, sofort eine Botschaft zu erhalten, sehr aufgeregt, obwohl ihn diese Botschaft überraschte. Er wußte, daß er seine Hand nicht absichtlich bewegte, und er war sich sicher, daß auch Rose es nicht tat. Er fragte den Geist nach seinem Namen. Schnell buchstabierte die Tafel wieder: „Ich bin alle Dinge. Ich bin Liebe und Wahrheit." Damon war hartnäckig, und der Geist gab zu, daß er ein Medium namens Wahrheit war.

Wahrheit sagte weiter, daß sie beide dazu ausersehen waren, sich zu treffen, daß sie zusammen in der Vergangnheit aus königlichem Geschlecht gewesen waren, daß sie viele Leben miteinander gelebt hatten und dazu bestimmt waren, zusammen zu leben, bis sie einen Zustand unvoreingenommener Liebe erreichten. Damon nahm es in sich auf und lauschte jedem einzelnen Wort.

Nach dem Rat des Mediums heirateten sie, aber sie liebten sich nicht. Damon wurde durch Rose nicht erregt, denn sie war für ihn nicht körperlich anziehend. Er sah in ihr nur einen Kameraden, der immer bei ihm sein würde, um an der Alphabettafel nach Rat zu suchen. Sie war sein Versicherungsschein zu göttlichem Bewußtsein. Er erzählt, während sie mit Wahrheit in Verbindung standen, bewegten sich

Dinge im Zimmer, und seltsame Phänomene gingen überall um sie herum vor sich. Bald wurde diese Tatsache bekannt, und Freunde aus dem ganzen Land kamen und fragten nach Rat, den Wahrheit immer großzügig erteilte.

Eines Tages - es war einige Monate nach ihrer Heirat - traf Damon seinen alten Freund Ralph. Ralph machte Damon mit Kokain bekannt, „free base", in einer Pfeife geraucht. Er vertraute darauf, daß Ralph ihn nicht irgendetwas rauchen lassen würde, was gefährlich war, deshalb probierte er diese Erfahrung einmal aus. Er sagte, er fühlte sofort eine intensive Hitze in seinen Lenden, nachdem er die ersten paar „Züge" an der Pfeife gemacht hatte. Er ging nach Hause und liebte Rose hitzig und leidenschaftlich. Es war ihr erstes Mal. Sie war überglücklich. Als Rose herausfand, daß „free base" ihn leidenschaftlich machte, ermutigte sie ihn zu ständigem Gebrauch. Damon entdeckte dann, daß alles, was Rose wollte, als Botschaft aus der Alphabettafel kam. Aber er „kaufte es ihr immer ab". weil er diesen Zustand unvoreingenommener Liebe erreichen wollte, der ihnen von Wahrheit versprochen worden war. Er sagte, ihr Sexualleben wurde immer abartiger.

Dann passierte etwas Wunderbares. Er sah das Honolulu-Video von RAM und ließ sich Informationen über das nächste Intensivtreffen kommen. In der Zwischenzeit hatte Rose eine Kreditkarte gestohlen, die auf ihn ausgestellt worden war, ohne daß er es wußte. Sie hatte einen Kreditrahmen von $5000. Rose verwendete die Kreditkarte großzügig, und als er feststellte, daß ein Intensivtreffen in Denver angesetzt war, sagte sie, daß sie genug Geld hätte, so daß sie beide dort teilnehmen könnten.

Es lag jedoch etwas Neues in der Luft. Als sie dieses Mal die Alphabettafel befragten, bestand Wahrheit darauf, daß Rose nicht nach Denver fahren sollte, sondern nur Damon. Rose war sehr ärgerlich darüber, stimmte aber schließlich Damons Wunsch zu, und er fuhr allein zum Intensivtreffen.

Während er in Denver war, versuchte Rose ihn mehrmals direkt vor dem Treffen anzurufen, aber immer wenn ihr Anruf gerade durchgestellt worden war, hatte das Telefon plötzlich keine Verbindung mehr. Nach mehreren solchen Anrufen mußte Damon feststellen, daß in der Schaltzentrale des Hotels alles in Ordnung war. Damon erkannte, daß er anscheinend nicht mit Rose sprechen sollte, ehe das Intensivtreffen begann. Sie war betrunken und ärgerlich, und diese Energie ließ sich nicht mit der bevorstehenden RAM-Erfahrung vermischen.

Damon erkannte RAM sofort und wurde von diesem Zusammentreffen tief berührt. Er entschied dort und dann, daß er das nächste Treffen in Yucca Valley auch besuchen wollte. In der Zwischenzeit änderten sich die Dinge zwischen ihm und Rose. Sie betrank sich ständig und verhielt sich gewalttätig. Sie war so paranoid geworden, daß sie mit Handfeuerwaffen herumfuchtelte und riesige Metzgermesser unter ihrem Bett verstaute. Manchmal hatte sie auch Selbstmordgedanken.

In Detroit wurde sie, während sie bei seinen Eltern zu Besuch waren, von der Polizei verhaftet und benahm sich sehr gewalttätig. Damon holte sie wieder heraus, und sie kehrten nach Kalifornien zurück, wo sie sich bald mit Ralph anfreundete. Sowohl sie als auch Ralph entschlossen sich, mit Damon zusammen zum Treffen in Yucca Valley zu fahren, und das taten sie auch.

Rose konnte jedoch nicht einmal die erste Versammlung durchstehen. Sie sagte, sie könne nicht im Schlafsaal bleiben und wollte auch zu keinen weiteren Versammlungen mehr gehen. Sie mietete in der Nähe ein Zimmer in einem Motel und versuchte, Damon zu überreden, aus dem Männerschlafsaal auszuziehen und bei ihr zu bleiben. Er weigerte sich. Ärgerlich fuhr sie zurück in ihr Haus in Nordkalifornien.

Die ganze Zeit über hatte Damon versucht, weiterhin mit Rose zusammenzuleben, weil er immer auf der Suche nach diesem Zustand der unvoreingenommenen Liebe war, der ihm von Wahrheit versprochen worden war. Aber am Tag nach seiner Rückkehr aus Yucca Valley packte er seine Sachen und machte sich auf den Weg nordwärts nach Washington, um allein zu leben. Er wußte, es war an der Zeit, daß er seine Macht zurückgewann.

1987 besuchte er ein RAM-Intensivtreffen in Seattle, und RAM schenkte ihm einen langen, harten, intensiven Blick. Damon wußte instinktiv, daß es mit den ernsten Problemen zu tun hatte, die er in seinem Rückgrat verspürte. Seine Wirbelsäule war in so schlechtem

Zustand, daß sie fast brüchig war. Er fühlte, daß RAM ihm Hilfe für seine Schmerzen sandte.

In einer kurzen Zeitspanne und durch eine Reihe von sofort stattfindenden Wundern wurde einer der besten Wirbelsäulenspezialisten des Landes herbeigeholt, um ihn zu operieren, obwohl er nicht das nötige Geld hatte, ihn zu bezahlen. Drei Monate später, als er mir diese Geschichte erzählte, konnte er wieder ohne Schmerzen gehen. Sein Leben, sagt er, ist jetzt erfüllt von einem neuen Gefühl für Freude und Freiheit. Vor allem, so sagt Damon, ist seine Macht jetzt wieder bei ihm, wo sie immer hingehört hat!

Kein Auftrag ist unmöglich

Aus New York kommt Nancy, eine wunderschöne Meisterin mit lachenden Augen, und erinnert uns daran, daß nichts unmöglich ist.

Ihre beiden kleinen Töchter waren mit einer Verwandten in die Ferien gefahren, und sie vermißte sie unheimlich. Sie waren bereits seit über einer Woche weg, und sie wußte, sie würden sie auch vermissen. Sie setzte sich hin und schrieb schnell einen kurzen Brief an jede von ihnen. Sie fühlte sich mit ihnen wieder verbunden, sobald ihre Gefühle in die geschriebenen Worte geflossen waren. Jetzt mußten ihre Botschaften der Liebe sofort zur Post gebracht werden.

Nancy hatte einen dringenden Geschäftsbrief, der auch an diesem Tag abgeschickt werden mußte. Sie sprang ins Auto und machte sich auf den Weg in das nahegelegene Postamt. Als sie endlich ankam, war es geschlossen, und ein Schild zeigte an, daß die letzte Abholung für Post nach außerhalb vor einer Stunde gewesen war. Ein Passant sagte ihr, wenn sie in die nächste Stadt fuhr, dann könnte sie ihre Post vermutlich am gleichen Tag noch abschicken, da dort die Abholung erst später stattfand. Nancy sprang wieder in ihr Auto und raste in Richtung auf die nächste Stadt davon, die etwa 20 Meilen entfernt lag. Sie war entschlossen, daß ihre Töchter ihre Botschaften der Liebe so schnell wie möglich bekommen sollten.

Als sie ankam, stellte sie fest, daß der Briefkasten immer noch mit Briefen vollgestopft war und die Abholung sehr bald sein würde. Erleichtert steckte sie ihre Briefe schnell in den Briefkasten und ging weg, um einige Einkäufe zu machen.

Gerade als sie in das Einkaufszentrum fuhr, kam ihr ein fürchterlicher Gedanke. Sie hatte vergessen, Briefmarken auf ihre drei Briefe zu kleben! Sie konnte kaum glauben, daß sie derart gedankenlos gewesen war. Für einen Moment zerrte Schmerz an ihrer Seele. Jetzt konnte es sein, daß es mehrere Tage dauerte, ehe ihre Töchter ihre Briefe bekamen. Tatsächlich könnte es sein, daß sie nicht einmal ankamen, ehe die Mädchen ihre Ferien beendet hatten. Und der Geschäftsbrief würde zu spät ankommen.

Sie saß im Auto und dachte über die Situation nach. Sie dachte an die Lehre von RAM, daß wir uns unsere eigene Realität gestalten. Plötzlich erkannte sie, daß es der Wahrheit entsprach. Sie sah sich, wie sie die Briefe aus dem Postsack zurückbekam und Briefmarken daraufklebte. Sie behielt dieses Bild fest in ihrem Bewußtsein, während sie zum Postamt zurückeilte.

Quietschend hielt sie neben dem Briefkasten an und schaute hinein. Zu spät. Die Post war ausgeleert und bereits nach drinnen gebracht worden. Verzweiflung drang wieder in ihr Bewußtsein ein. Aber sie bekam es sofort wieder unter Kontrolle und ersetzte es durch ein noch stärkeres Bild davon, wie sie die Briefe in ihrer Hand hielt und Briefmarken daraufklebte. Ein großartiger Umschwung.

Angefeuert durch die Macht ihres eigenen Bildes parkte sie das Auto neben dem Postamt und ging auf die Tür zu. Als sie im Vorraum war, blickte sie durch die Briefkastenschlitze und rief, daß sie mit jemandem sprechen müßte. Sie rief immer wieder, aber es kam keine Antwort. Sie war allein. Alle Türen waren verschlossen, und niemand war in Sichtweite oder Hörweite. Was nun?

Eine neue Idee blitzte in ihrem Kopf auf. Da mußte es eine Hintertür geben, wo sie die Post hineinbrachten und wieder heraustransportierten. Sie ging durch die Vordertür wieder hinaus und schnell nach hinten. Da war sie. Sie klopfte laut an die Tür. Keine Antwort. Sie klopfte noch einmal. Immer noch keine Antwort. Sie rief, daß sie hier hinein müsse. Nur Schweigen antwortete ihr. In ihrer Verzweiflung packte Nancy den Türknauf - er ließ sich drehen. Es war nicht abgeschlossen. Langsam öffnete sie die Tür und blickte hinein. Bänke und überfüllte Postsäcke waren überall verteilt. Sie rief noch einmal, so laut sie konnte. Niemand antwortete.

Nancy nahm all ihren Mut zusammen und ging hinein. Sie war entschlossen, ihr Ziel zu erreichen. Wenn es hier niemanden gab, der ihr helfen konnte, dann würde sie sich wohl die monumentale Arbeit machen müssen, alle Postsäcke auszuleeren, um ihre drei wertvollen Briefe zu finden. Sie war entschlossen, an diesem Abend hier erst wieder hinauszugehen, wenn Briefmarken darauf waren.

Als sie sich umschaute und wieder auf all die Postsäcke blickte, kam Nancy zu dem Schluß, daß sie sich nur auf den richtigen Postsack einstimmen müsse. Sie verwendete die Bewußtseins- und Energietechnik, die sie von RAM gelernt hatte, und fühlte sich aus einem nicht ersichtlichen Grund zu einem Sack hingezogen, der etwas abseits stand. Sie bückte sich über den Sack und holte eine Handvoll Briefe heraus. Sie holte noch eine Handvoll heraus, und da befand sich zu ihrer großen Freude ihr Geschäftsbrief in ihrer Hand. Aufgeregt hob sie den ganzen Sack hoch und leerte seinen Inhalt auf den Tisch. Dann begann sie, schnell durch den Haufen zu blättern. Kurz darauf waren auch die zwei Briefe an ihre Töchter in ihrer Hand. Ihr Bild war fast vollständig.

Mit zitternden Fingern nahm sie Briefmarken aus ihrer Geldbörse, klebte eine auf jeden Brief, küßte jeden Brief und sprach einen Segensspruch über ihn und das Postamt. Schnell steckte sie die Briefumschläge wieder zurück in den Postsack und ging glücklich durch die Hintertür wieder hinaus. Erst dann bekam sie die richtige Vorstellung von ihrer „Gesetzlosigkeit". Aber sie hatte aus Erfahrung gelernt, daß die Macht in ihr selbst größer war als irgendeine von außen auftretende Begrenzung. Ihre Beharrlichkeit hatte ihr in der Tat gezeigt, daß die Welt so ist, wie wir sie uns machen!

Die aufgehende Sonne

Die folgende Begebenheit trug sich bei einer kürzlich stattfindenden großen Versammlung in Rainier, Washington, zu. Ein Meister aus unserer Bekanntschaft stand an dem langen Tisch, der schwer mit Speisen beladen war. Er kostete glücklich die schmackhaften Essensangebote.

Eine Meisterin aus einer nahegelegenen Stadt ging mit einem breiten Lächeln auf ihn zu. Ihre Augen waren mit Licht erfüllt und glänzten vor innerer Freude. Sie strahlte ihn an, als sie sagte: „Weißt du, ich habe dich in den vergangenen paar Monaten auf verschiedenen RAM-Treffen gesehen, und ich muß dir das einfach sagen. Jedes Mal, wenn ich dich mit diesem Lächeln sehe, das du jedem schenkst, dann fühle ich mich so gut, und in meinem Geist taucht dieses wundervolle Bild einer aufgehenden Sonne auf!"

Erstaunt, aber offensichtlich erfreut zeigte der Mann ein sogar noch großartigeres sonniges Lächeln. Er lehnte sich über den Tisch und sagte ihr: „Weißt du, seit einigen Monaten rufe ich jetzt jeden Tag, wenn ich aufwache, meinen Christus an, daß er in mir wie eine aufgehende Sonne am Morgen aufgehen möge, um meinen Weg zu wärmen und zu beleuchten und so den Weg für alle zu wärmen und zu beleuchten, denen ich an diesem Tag begegne." Und mit einem noch größeren Lächeln fügte er hinzu: „Es ist so wunderbar, daß du mir das gesagt hast. Es zeigt mir, daß es funktioniert. Gott segne dich und Danke für diese Botschaft."

Im weiteren Gespräch erklärte er, daß er das Bild der aufgehenden Sonne verwendete, das er an einem kristallklaren Morgen während eines RAM-Treffens in Yucca Valley gesehen hatte. „Zuerst färbte eine zunehmend goldrote Helligkeit den Horizont. Dann erschien ein schmales Band aus rotem Feuer, das sich langsam und majestätisch über den Berg erhob. Allmählich brach ein riesiger Ball aus orangerotem Licht hervor und benahm mir den Atem durch sein Feuer und seine Schönheit. Er entzündete die Erde und alles um mich herum. Jetzt gehen das gleiche herrliche Licht und diese Wärme an jedem neuen Morgen strahlend in meinem Geist und in meiner Seele auf." Welch wunderbare Art, einen neuen Tag zu begrüßen, in der Tat!

Realität durch Schmerzen

Wendy arbeitete fleißig auf ihrer fünf Acre großen Farm in Tenino, Washington. Ihre beiden Freunde, die ihr an diesem Morgen geholfen hatten, waren in die Stadt gefahren, um Vorräte zu besorgen, und hatten Wendy für mehrere Stunden allein gelassen. Während sie zwischen einigen Büschen arbeitete, traf sie zufällig auf ein großes Hornissennest. Dutzende von ärgerlichen Hornissen starteten einen sofortigen Angriff auf das nächstgelegene Ziel, auf Wendys Kopf.

Der Schmerz war unmittelbar und unerträglich. Wie rasend zog sie an ihren Haaren und riß sich dabei jede Menge Haare aus, zusammen mit einer Handvoll Hornissen. Gleichzeitig rannte sie wie verrückt in Richtung Haus, voll Schmerz und Schrecken. Wendy hatte auf Bienenstiche immer sehr empfindlich reagiert, und jetzt sah sie sich den todbringenden Giftstoffen gegenüber, die in enormen Mengen in ihren Blutkreislauf gelangten. Ihre Angst verstärkte die Schmerzen und das Brennen.

Die letzte der Hornissen war von ihrem Kopf gezerrt worden, gerade als sie die Tür erreichte. In Panik stürzte sie ins Haus und warf die Tür hinter sich zu. Während sie das tat, fiel ihr Blick auf das Tonbandgerät, wo sie erst vor einer Stunde zugehört hatte, wie RAM erklärte, daß jeder sein eigenes Schicksal schuf und in die Tat umsetzte. „Oh, RAM", dachte sie, „wenn das wahr ist, dann muß ich ganz schnell eine neue Realität für mich selbst schaffen, damit ich diese Vergiftung überlebe!" Das erkannte sie in ihrem Geist kristallklar.

Noch immer leicht schluchzend machte sie sich daran, das zu tun, was sie wußte, daß sie tun mußte. Sie legte ein Tonband mit wunderschöner Musik ein, zündete einige Kerzen an, stellte einen Strauß frischer Blumen daneben, benetzte ihr Haar und ihren Kopf mit Willard-Wasser und einem Aloe-Vera-Gel und goß sich einen Schluck Brandy in ein Glas Wasser als eine Art Schmerzkiller. Ihre Vorbereitungen waren jetzt abgeschlossen. Sie hatte die Bühne bereitet für eine neue Haltung, für ein heilendes Bewußtsein.

Sie setzte sich hin, um ihr gequältes Wesen zu beruhigen und eine neue Realität zu schaffen. Sie begann damit, sich auf die Stellen zu konzentrieren, wo sie keinen Schmerz empfand. Und es funktionierte! Als sie ihre Augen schloß und den süßen Duft der Blumen einatmete, stimmte sie sich ganz allmählich auf die erhebende Musik ein und sank zurück in die Mitte ihres Wesens. Das feurige Brennen und das schreckliche Schütteln ihres Körpers verringerten sich und hörten schließlich ganz auf. Als ihre Konzentration auf die Mitte absolut wurde, fühlte sie sich selbst im Bewußtsein schweben, oder „auf dem Licht reiten", wie RAM es nannte. Ein Frieden, der jedes Verstehen übersteigt, erfüllte sie.

Wendy erkannte, daß dies ein „Bote" war, den sie sich selbst geschickt hatte, um ihr zu zeigen, daß die Macht, ihr Schicksal zu kontrollieren, in ihr selbst lag und daß sie es einfach herbeirufen konnte! Sie dankte der ihr innewohnenden „Mutter" für diese glänzende Perle, die sie sich an diesem Tag zum Preis von Schmerz und Angst verdient hatte.

Als ihre beiden Freunde zurückkehrten, waren sie schockiert, als sie diese Geschichte hörten. Und es war schwer für sie zu glauben, daß Wendy trotz der Vielzahl von Stichen gesund, glücklich und ruhig war. Sie überhörten ihre Proteste und rannten hinaus, um das Hornissennest auszubrennen. Aber Wendys erleuchtende Erfahrung erlaubte ihnen ein größeres Verständnis für die ihnen innewohnende Macht. Sie litt nicht an irgendwelchen Zeichen der Vergiftung. Die zahllosen brennenden Schwellungen auf ihrem Kopf, wo sie gestochen worden war, verheilten, sobald sie den Ablauf des Dramas in ihre Hände nahm und ihre „Dornenkrone" durch eine neue Realität ersetzte.

Das Hören ungesagter Dinge

Barbara aus Alabama erzählt, daß ein ihr teurer Kamerad kürzlich diese Bewußtseinsebene verlassen hatte. Weil sie sich in einem sehr aufgewühlten Gefühlszustand befand, legte sie Wert darauf, beim bevorstehenden Dialog des RAM in Birmingham anwesend zu sein. Ihre langjährige Freundin Jane war auch da. Barbara kam zu dieser Veranstaltung zu spät, aber Jane saß ganz vorne, als Barbara dort ankam. Weil sie wußte, daß ihre besorgte Freundin mit RAM sprechen wollte, überließ Jane den Platz in der ersten Reihe Barbara. Sie wußte, daß sie von dort aus eine bessere Gelegenheit haben würde, RAM anzusprechen.

Wie erwartet sprach RAM mit Barbara längere Zeit. Ein Gesprächsteil handelte von den Diamantohrringen, die sie an diesem Tag trug. Sie erklärte, daß sie bei einer Privataudienz im vergangenen Jahr RAM erzählt hatte, daß sie gern einen Kameraden hätte, und RAM hatte mit einem schelmischen Blick geantwortet: „Ich werde dir etwas schicken, das in deine Ohren paßt!" Sie war über diese Bemerkung ganz verwirrt gewesen.

Sechs Monate später traf sie einen wunderbaren Mann und begann, mit ihm auszugehen. Eines Abends überraschte er sie mit dem Geschenk von ein paar glänzenden Ohrringen, jeder mit einem Diamanten von einem halben Karat. In ihrer Freude erinnerte sie sich sofort an die seltsame Aussage von RAM, daß er ihr etwas schicken würde, was in ihre Ohren paßte. Sie wußte, daß RAM diesen wunderbaren Mann in ihr Leben gebracht hatte, und sie plante, ihm beim nächsten Treffen dafür zu danken. Jetzt waren die Ohrringe ihre Erinnerung an die Zeit, die sie zusammen verbracht hatten, ehe er kürzlich in eine andere Dimension übergegangen war. Sie dankte RAM, daß er ihr die Diamantohrringe geschickt hatte.

RAM senkte seinen Kopf in Anerkennung und fragte: „Bist du so dankbar, weil die Diamanten so großen Wert haben?"

Schnell sagte Barbara: „Nein. Ich schätzte den Mann und die Gefühle hinter diesem Geschenk mehr als den Wert der Diamanten."

RAM schenkte ihr ein erfreutes Lächeln und sagte: „Die Steine, die in deinem Ohr stecken, stellen die Schönheit dar, die du hörst." Er schaute sie an und fügte dann hinzu: „Ich weiß, was dein Herzenswunsch ist, und ich werde es dir schicken!"

Barbara wartete ungeduldig auf die Tonbandaufnahmen von dieser Versammlung. Schließlich kamen sie. Gerade als sie das erste Band abspielen wollte, klopfte Jane an ihre Tür. Jane war so glücklich, daß die Tonbänder endlich angekommen waren, und sie setzten sich und hörten atemlos zu. Nachdem sie RAMs Bemerkung über die Steine, die in ihren Ohren stecken, gehört hatten, ging die aufgezeichnete Stimme von RAM direkt über zum Gespräch mit der Person, die bei dem Treffen neben Barbara gesessen hatte. Ein vollständiger und wichtiger Satz, der an sie gerichtet war, fehlte!

Jane und Barbara schauten erstaunt auf. Jane fragte: „Aber wo ist der Teil, wo er sagte, daß er weiß, was in deinem Herzen ist und daß er es dir schicken wird?"

Sie spulten das Band zurück und hörten sehr sorgfältig zu. Diese Worte waren auf dem Tonband nicht vorhanden. Sie starrten sich gegenseitig in Verwunderung an, dann hatten beide den gleichen Gedanken. „Wir müssen das mit unserem inneren Gehör gehört haben!" Sie sprangen auf ihre Füße und vollbrachten gemeinsam einen wilden Tanz. Sie waren total versunken in die Freude, daß sie gemeinsam „ungesagte" Dinge gehört hatten.

Welch ein „Zufall", daß die einzige andere Person, die gehört hatte, wie RAM diese Worte sprach, ganz „zufällig" vor ihrer Tür erschien, als sie die Tonbänder anhören wollte. Barbara fühlte, daß RAM sie mit einer wunderbaren Zeugin beschenkt hatte, die an ihrem eigenen inneren Hören teilnehmen konnte. Sie fragten mehrere ihrer Freunde, die auch in dieser Versammlung waren, aber niemand sonst erinnerte sich daran, daß RAM diesen letzten Satz zu ihr laut ausgesprochen hatte.

Das Ich-bin-Gedicht

Richard Brewer, der Autor des folgenden Ich-Bin-Gedichts, erzählt uns auch die wunderbare Geschichte, die hinter diesem Gedicht steckt. Richard sagt, daß er vor einigen Jahren ein Gedicht begonnen hatte, das er für ein allumfassendes Gedicht hielt. Immer wieder notierte er ein paar Zeilen, aber niemals brachte er die Zeilen in irgendeiner Art fortlaufender Ordnung zusammen. Er war nicht fähig, irgendwelche andere Ideen dafür zu entwickeln. Als er eines Tages davon so gelangweilt war, packte er die angesammelten Ideen alle zusammen und steckte sie weg in eine Schublade.

Monate später kam ihm der Haufen hingekritzelter Gedanken wieder in die Hände, und er setzte sich hin und las sie noch einmal. „Die sind gut", dachte er. „Ich sollte daraus etwas machen." Er konzentrierte seinen Verstand und seine Energie und rief: „Herr und Gott meines Lebens, ich wünsche, daß dies jetzt Vollkommenheit erlangt. So soll es sein!" Als er sich auf den Gedanken „Ich bin" konzentrierte, begann sein ganzer Körper erst zu zittern, dann zu beben, und mit diesem Beben kam ein Fluß von Worten in seinen Geist hineingeströmt.

Richard griff nach einem Stift und begann schnell zu schreiben. Die Worte des gesamten Gedichtes flossen ohne Unterbrechung, bis die letzte Zeile vollendet war. Sie ergossen sich fast schneller, als er schreiben konnte. Sein Körper ruckte und vibrierte durch die Intensität, und als er fertig war, war er erschöpft und zitternd. Als er zu lesen begann, was er gerade geschrieben hatte, zitterte und ruckte sein Körper weiterhin vor großartiger Gefühlswallung. Als er die letzte Zeile gelesen hatte, explodierte sein Körper vor unbeschreiblicher Ekstase. Das Erlebnis war so einzigartig, daß es sich mit Worten nicht ausdrücken läßt!

Zwei Wochen später ging Richard zu einem RAM-Intensivtreffen. In seiner Tasche trug er eine getippte Kopie seines Gedichtes. Natürlich blieb RAM direkt vor ihm stehen und erklärte: „Schreiber, ich bin bereit, daß du mir vorliest." Richard wußte genau, was RAM wollte, daß er ihm vorlas. Er zog sein Ich-bin-Gedicht aus der Jackentasche und las es laut RAM und der Zuhörerschaft vor.

Während RAM zuhörte, strahlte er seine Zustimmung aus. Als Richard fertig war, rief RAM: „Wunderbar. Wunderbar. Hast du je darüber nachgedacht, Mensch, daß du all diese Dinge bist, die du mir gerade vorgelesen hast? All das bist du, denn wie könntest du weniger sein? Ich werde dafür sorgen, daß diese Worte ausgestellt werden. Sehr bald werde ich einen großen Marmorstein finden, und wir werden das jemanden dort hineinritzen lassen, und wir werden es auf einen großen Berg stellen, damit die Winde unserer Ewigkeit es sehen können und wissen, daß es der Geist des Menschen war!"

Bei einem Intensivtreffen in Yelm im Sommer 1987 blieb RAM neben Richard stehen, lehnte sich zu ihm herüber und teilte ihm leise mit, daß seine Voraussage über das Ich-bin-Gedicht sehr bald Wirklichkeit werde. Es gab Pläne für ein Versammlungsgebäude, sagte er, und wenn es fertiggestellt war, dann würde sein Gedicht in eine Platte am Eingang eingeritzt werden, wie es vor langer Zeit vorausgesagt war.

Ich bin

Seit Urzeiten hat sich mein Geist
In dieser Welt bewegt
Ich ließ Kulturen erstehen und vergehen
Ihr Fallen kam zur Zeit

Über den weiten Ozean, übers Gebirge
Durch Wüsten bin ich gereist
Ewig sah ich Veränderung
Im Himmel und auf Erden

Man betete zu mir, man verehrte mich
Ich wurde getötet und gequält
Oftmals wurde ich geliebt
Und oftmals auch verstoßen

Ich bin das Yin, ich bin das Yang
Ich bin der Tag und auch die Nacht
Alpha und Omega bin ich zugleich
Gleichzeitig falsch und richtig

Ich bin Jeshua Ben-Joseph
Bin Mohammed und Buddha
Man nennt mich Moses und Elias
Nostradamus und Zarathustra

Ich bin Hermes, ich bin Krishna
Ich bin Ram und Lao-Tse
Bin alle Heiligen und Weisen
Und ihrer Wahrheit tiefster Grund

Ich höre auf den Namen Attila
Alexander Graham Bell
Du kannst mich Quetzalcoatl nennen
Ich bin bekannt als Wilhelm Tell

Michelangelo und Hitler
Diese Namen sind mein eigen
Der junge König Tut-ench-Amun
Er und ich sind eins und gleich

Ich war Forscher mit Ponce de Leon
Auch Kolumbus kannte mich gut
Viele Historiker widmen ihr Leben
Meine Geschichten neu zu erzählen

Ich bin der Dichter und der Maler
Ich bin Shakespeare und Van Gogh
Bin Philanthrop und zugleich Krieger
Gandhi und Geronimo

Ich bin Heiliger und Sünder
Ich bin Meister, ich bin Sklave
Ich bin Hügel und auch Täler
Ich bin Wellen und auch Wind

Zypresse bin ich und Platane
Nenn mich Reiher und auch Schwalbe
Ich bin Tiger und bin Spitzmaus
Heiße Kaktus, heiße Farn

Ich bin Achat und bin Smaragd
Bin Eisen und bin Glas
Ich bin Türkis und bin Koralle
Bin Messing und bin Seide

Jeden Dschungel hab ich durchdrungen
An jeder Küste war mein Schiff
Auf dem Mond ist der Mensch gelandet
Ohne mich wär's nicht geschehn

Den Tower of London, den du kennst
Mir gebührt dafür das Lob
Das New Yorker World Trade Center
Ist auch meiner Hände Werk

Die Pyramiden in Ägypten
Die berühmte Chinesische Mauer
Die Sphinx, den Eiffelturm
Hab ich erdacht und auch erbaut

Ja, alles habe ich erschaffen
Und noch mehr als hier erwähnt
Und ich will mich Gottheit nennen
Meine Kühnheit wagt das wohl

Hier wag ich noch mehr zu sagen
Denn nichts kann mich zum Schweigen bringen
Denn ich, der diese Worte schreibt
Bin aller Menschheit eigner Geist.

Nachwort

PS (wie RAM oft sagt), ich weiß, daß es dort draußen viele von euch geliebten Seelen gibt, die vielleicht ein ausgesprochen unglaubliches Wunder ihr eigen nennen, daß sich in ihrem Leben ereignet hat, seit sie RAM getroffen haben. Oder ihr habt vielleicht von einem Wunder gehört, das euch von einem anderen segensvollen Meister erzählt wurde. Wenn es deine Geschichte ist und du jetzt den Eindruck hast, das sie so dein Eigentum ist, daß du sie mit Brüdern und Schwestern des gleichen Geistes teilen willst, dann werde ich überglücklich sein, wenn ich sie in einen weiteren Band von Tales of the RAM aufnehmen kann. Gemeinsam können wir mit Leichtigkeit mehrere ruhmvolle Bände füllen.

Schick deine Geschichte oder deine Briefe an die Adresse meines deutschen Verlages:
Michaels Verlag, Sonnenbichl 12, D-86971 Peiting

Ich liebe euch. Macht weiter und werdet die liebevollen und kraftvollen Ich-bin-Wesen, die ihr schon seid. So soll es sein.

MVV

Michaels Verlag / Vertrieb GmbH
Sonnenbichl 12 · 86971 Peiting
Telefon 0 88 61/5 90 18 · Fax 0 88 61/6 70 91

NEUE WEGE VERLAG

AS BUCH FÜR ALLE RAMTHA-FREUNDE

RAMTHA
Unser Leben

In diesem Werk offenbart sich RAMTHA in dem Leben seiner Schüler. Faszinierend erleben wir hier die lebensverändernde Qualität seiner einzigartigen Lehren.

Spiritualität und Werden – den Gott in Dir zum Blühen bringen. »RAMTHA – unser Leben« ist ein wunderschönes Dokument über die Wirksamkeit seiner Botschaft.

Nehme Anteil an der Manifestation dieser Träume – nehme Anteil an den persönlichen Wundern und dem Durchbruch, den jeder Einzelne seiner Schüler erleben durfte.

100 Geschichten machen dieses Buch zu »RAMTHAS Buch der Liebe«.

Preis 32,00 DM
ISBN 3-89539-061-5

DER 12. BAND EINER EINMALIGEN EDITION. EIN BUCH, AUF DAS WIR ALLE LANGE WARTEN MUSSTEN. JETZT IN DEUTSCHER SPRACHE!

ER WEG DER ERLEUCHTUNG: AMTHA'S ALTE SCHULE ER WEISHEIT

es ist das lang ersehnte neueste Werk s der RAMTHA EDITION

n anderes Werk führt uns so auf diese eindrückliche Weise den wesentlichen Aussagen Ramthas, wie wir es in diesem ch finden. Folgen wir dem Buch, finden wir uns im Herzen eder. Im eigenen Herzen.

Buch, das mehr als eine Einführung ist. Ein Buch, das mehr eine Biographie ist.

er Weg der Erleuchtung – RAMTHA's ALTE SCHULE DER ISHEIT«, ist die schriftgewordene Essenz seiner Lehren. Ein ch, auf das viele tausend Ramtha Schüler gewartet haben.

ch der Neuerscheinung »RAMTHA unser Leben« hier nun der 12. Band der Edition, indem erikas bekanntestes Channeling sich offenbart. Die zwei Neuerscheinungen der RAMTHA TION dienen einmal mehr dazu, unsere Herzen aufzuschließen – sie laden uns ein auf eine se zu einem fremden Stern – einem Stern, dessen Leuchten Du auch in Deinem Herzen fin- kannst.

rdcover
is 39,80 DM

DAS MANIFESTIEREN

Ein Handbuch für Meister

Dieses Buch ist ebenso gestaltet wie das Buch „Das eigene Werden". Es zeigt uns, wie man Mangel in Fülle umwandelt und die Vergangenheit und Zukunft mit dem Jetzt in Einklang bringt, um das zu kreieren, was wir möchten.

Dieses Buch enthält Techniken, Übungen und Informationen, die uns helfen, zu manifestieren. Ramtha: „Diese Bücher sollen uns nicht nur das Wissen vom „Werden" und „Manifestieren" aufzeigen, sondern auch, wer wir sein können und wer wir bisher waren."

Preis: 38,00 DM
ISBN 3-89539-059-3

DAS EIGENE WERDEN

Ein Handbuch für Meister

Jede Seite enthält einzelne Gedanken oder Gedankenkomplexe über die Schönheit, Würdigkeit und Macht des menschlichen Geistes. Es soll uns lehren, bedingungslos zu lieben und den „Vater" in uns zu finden.

Preis: 48,00
ISBN 3-89539-058-5

MVV

Michaels Verlag / Vertrieb GmbH
Sonnenbichl 12 · 86971 Peiting
Telefon 0 88 61/5 90 18 · Fax 0 88 61/6 70 91

DER GESCHICHTENERZÄHLER

"Der Geschichtenerzähler" ist eine Sammlung von über 30 Geschichten, die Ramtha über die Jahre hinweg erzählte.
Die Originalform von Ramthas Sprache wurde beibehalten.
Der erste Teil des Buches umfaßt Geschichten, die zu Ramthas Zeiten stattgefunden haben. Die anderen sollen dem Leser bewußt machen, wer er ist und wie er lebt.
Ramtha: "Geschichten waren das Mittel, tiefes Wissen zu offenbaren, oft in einfacher Ausdrucksweise. Diese Erzählungen waren die Schätze vieler Generationen... Sie sollen all denen als Lehre dienen, die neben den Erwartungen der Gesellschaft noch andere Werte im Leben suchen....."

Preis: 32,00 DM
ISBN 3-89539-057-7

FINANZIELLE FREIHEIT
DIE WAHL

Ein humorvoll verfaßtes und inspirierendes Buch. Ramtha erklärt, auf welche Weise unerfüllte Träume eine Begrenzung darstellen, sowohl für Wachstum und Entwicklung wie auch letztendlich für Ihr finanzielles Wohlbefinden. Finanzielle Freiheit wird Ihnen dabei helfen, Ihre Träume zu erfüllen, und wird eine neue Dimension von Möglichkeiten und Wahlfreiheiten eröffnen, die den Leser auf seinem Weg zu persönlicher und finanzieller Freiheit in einen immer machtvolleren Stand versetzen werden.

Preis: 26,00 DM
ISBN 3-89539-056-9

MVV

Michaels Verlag / Vertrieb GmbH
Sonnenbichl 12 · 86971 Peiting
Telefon 0 88 61 / 5 90 18 · Fax 0 88 61 / 6 70 91

DER LETZTE WALZER
DER TYRANNEN

Dieses Buch entlarvt die Geschichte und die Pläne der sogenannten „Grauen Männer", der geheimen Familien und der Mittelsmänner der Macht, die die Börse dirigieren, denen das „Federal Reserve"-System (Zentralbank) sowie der größte Teil der Geldversorgung der Welt gehört. Dieses Buch prüft auch, welchen Weg die Natur einschlagen wird; wobei das Leben, wie wir es kennen, offensichtlich am Rande der Katastrophe steht. Es ist aber ein Buch der Hoffnung, denn es wird kaum jemand widersprechen, daß elementare Veränderungen stattfinden müssen, die - so sagt Ramtha - in der Verherrlichung und Erleuchtung der Menschheit enden werden.

Preis: 24,00 DM
ISBN 3-89539-051-8

UFOS UND DIE
BESCHAFFENHEIT
VON WIRKLICHKEIT

Einblick in außerirdisches Bewußtsein und interdimensionalen Geist.
Dieses Buch wird Ihre Betrachtungsweise dessen, was man Ihnen je erzählt hat, ändern. Sie haben ein Recht auf das Wissen über den großen Einfluß von Außerirdischen auf die Bibel, auf unsere Regierung und auf unser tägliches Leben. „UFOs und die Beschaffenheit von Wirklichkeit", ist eine Erörterung über lineare Zeit, Objektivität, interdimensionalen Geist, Superbewußtsein und über die Transfiguration von Materie. Es ist gleichfalls ein Buch über Hoffnung. Und Liebe. Und Gott.

Preis: 32,00 DM
ISBN 3-89539-055-0

Michaels Verlag / Vertrieb GmbH
Sonnenbichl 12 · 86971 Peiting
Telefon 0 88 61/ 5 90 18 · Fax 0 88 61/ 6 70 91

RAMTHA

Dieser von der Kritik empfohlene Bestseller stellt die Eckpfeiler von Ramthas Lehren vor. Von Ramtha selbst wird es „Das große weiße Buch" genannt. Dieses Werk stellt für die in Unwissenheit und in ihrer Evolution feststeckende Menschheit ein Juwel von unschätzbarem Wert dar. Es setzt in dem Menschen ein Wissen wieder frei, das dieser vor langer Zeit vergessen hat.

Preis: 32,00 DM
ISBN 3-89539-050-X

RAMTHA: EINE EINFÜHRUNG
AUSGEWÄHLTE LEHREN

Dieses vielschichtige Buch nimmt die Emotionen gefangen, fordert den Geist heraus, berührt die Herzen und eröffnet dem Leser die Großartigkeit des Lebens.
Dieses Buch ist eigentlich mehr als eine Einführung, denn diese ausgezeichnete Buchausgabe führt uns das volle Spektrum von Ramthas Lehren vor.

Preis: 25,00 DM
ISBN 3-89539-054-2

RAMTHA INTENSIV: WENDEZEIT
DIE KÜNFTIGEN TAGE

Der erste Band der Intensivserie legt offen, wie die Menschheit bis heute ihre eigene Umwelt zugerichtet hat. Das Buch stellt eine kompromißlose Schau auf die Natur und auch darauf dar, wie sie sich erneuern wird. In diesen einmaligen Lehren drängt uns Ramtha, eine persönliche Eigenständigkeit aufzubauen, um physisch und psychisch jene dramatischen Veränderungen, die wir in der Gesellschaft und der Natur zu erwarten haben, zu überleben.

Preis: 24,00 DM
ISBN 3-89539-052-6

RAMTHA INTENSIV: SEELENGEFÄHRTEN

Der zweite Band der Intensivserie ist eine Aufzeichnung des Seattle Intensivseminar.
Es ist eine leidenschaftliche Lehre über die Wissenschaft von Seelengefährten, die Entwürdigung der männlich-weiblichen Beziehungsverhältnisse, die die Seelengefährten getrennt gehalten hat - und über die Wiedervereinigung der Seelengefährten durch die Macht der Liebe.

Preis: 24,00 DM
ISBN 3-89539-053-4

MVV Michaels Verlag / Vertrieb GmbH
Sonnenbichl 12 · 86971 Peiting
Telefon 0 88 61/5 90 18 · Fax 0 88 61/6 70 91

Brad Harris

DIE DUNKLE SEITE DES MONDES
Die Ufo-Verschwörung

Dieses Buch ist wohl die faszinierendste, aktuellste und w
auch die brisanteste Sammlung zu dem Thema »Außerirdis
Intelligenzen«. Dieses Buch ist **Top Secret**.
Es werden Beweise über Beweise vorgelegt, nicht zuletzt
die Zusammenarbeit geheimer Regierungskreise mit außer
schen Intelligenzen.
Mit ca. 1000 Seiten wohl das umfangreichste Werk zu die
hochaktuellen Thema.

Preis: 98,00 DM
ISBN 3-89539-273-I

William Bramley
DIE GÖTTER VON EDEN

Eine außergewöhnliche Reise durch die Geschichte – von den
Anfängen der Menschheit bis zu den Schlagzeilen von heute.
Begleiten Sie den Autor, wenn er das Problem des Krieges und
des menschlichen Leids erforscht, und entdecken Sie einen be-
merkenswerten Zusammenhang mit dem jahrhundertealten
UFO-Phänomen. Dieses Buch ist das Ergebnis siebenjähriger
intensiver Recherchen und eines der wissenschaftlichsten und
umfassendsten seiner Art. Sorgfältig belegt und illustriert ver-
mitteln »Die Götter von Eden« zahlreiche erstaunliche, neue Informationen über UFOs un ihren überraschenden Einfluß auf
unsere Welt. Das ist die Geschichte von ihrer spannendsten
und widersprüchlichsten Seite. Wenn Sie etwas für provozie-
rende, neue Ideen übrig haben, müssen Sie »Die Götter von
Eden« einfach lesen.
Nicht nur begeisterte Leser/innen, auch das »Magazin 2000«,
erklärten dieses Werk zum: »Buch des Jahres«.

Preis: 49,80 DM
ISBN 3-89539-075-5

MVV Michaels Verlag / Vertrieb GmbH
Sonnenbichl 12 · 86971 Peiting
Telefon 0 88 61 / 5 90 18 · Fax 0 88 61 / 6 70 91

DAS BÜCHLEIN
VOM
REINEN LEBEN

DAS BÜCHLEIN VOM REINEN LEBEN

Dieses Buch ist anders, anders als so manch anderes esoterisches Werk. Es ist ein Schulungsweg, es ist ein fast kindlich anmutendes Werk, eine Meditation über die Reinheit. Einfach in der Sprache weckt es die »gute Seite« in den Seelen der Leser/innen. Silbernen Prägedruck geben dem in blauen Leinen fein gebundenen Werk etwas von der Form, die dem Inhalt entspricht.
Ein liebenswertes Büchlein über die Einfachheit, die Einheit und die Reinheit. Ein Buch, das die tiefsten Seelenschichten anspricht und von dessen Klarheit sich kein Leser verschließen kann.

Preis: 20,00 DM
ISBN 3-925051-01-5

sg. Ulrich Heerd

ER ANFANG

Hrsg. ULRICH HEERD
DER ANFANG

EDITION PANDORA

liesem Buch erzählt uns der Autor von seinen Erlebnissen in »Mitte der Nacht«.

eschreibt in einer Sprache, die noch ganz vom Erlebten gegt ist, seine persönliche »Einweihung«. Er schildert uns seine gegnung mit einer Wesenheit, die er »Maria Sophie« nennt, d an ihrer Hand durchschreitet er die Sternensphäre, um am e ihrer Augen kniend« den Urbeginn der Schöpfung zu se, »seine Uroffenbarung« zu erhalten.

s Buch hat nicht den Anspruch, letzte Wahrheiten zu verden, »denn der Welt ist nicht Not an Antworten. Der Welt ngelt es an wirklichen Fragen ...«. Der eine oder andere d dieses Buch weglegen und nichts damit anzufangen wis. Der Autor hofft aber, daß es auch Leser/innen geben mag,

seine Bilder über den Urbeginn, über die Würde und Freiheit des Menschen und über das er aufnehmen und in sich wachsen lassen.

ht man solcher Art mit diesem Büchlein um, kann es zu einem ganz persönlichen Buch wer. Dann mögen Bilder und Fragen in der Seele dieser Menschen auftauchen und wachsen, die sind Voraussetzungen zu einem notwendigen Handeln.

mit würde das großartige Geschenk, das der Autor von seiner »Reise bis zu seiner Sehnsucht d« für sich mitgebracht hat, ein Geschenk auch für diese Leser/innen.

is: 18,00 DM
N 3-89539-298-7

DIE WEISSE BRUDERSCHAFT

Einer der ganz großen Menschheitslehrer der in diesem Jahrhundert hier auf der Erde gewirkt hat ist Peter Dunov oder mit anderem Namen Beinsa Duno.

Beinsa Duno will ich auf den nächsten Seiten vorstellen, er ist der Begründer der Großen Weißen Bruderschaft.
Er hinterließ uns über 7.000 Vorträge, von denen etwa die Hälfte bisher der Öffentlichkeit zugänglich gemacht wurde.
Sämtliche Bücher, Vorträge und Manuskripte sind in bulgarischer Sprache gehalten und er wendet sich auch in erster Linie an die slawischen Völker. Seine Worte finden den Platz bei seinen Zuhörern über das Herz, obwohl seine Beiträge oft so wirken, als ob er aus der Fülle der Weisheit selber schöpft. Vielleicht ist das Wort „obwohl" an der Stelle völlig falsch, vielleicht ist das immer so, daß ein wirklich Weiser nie nur die Köpfe sondern auch das Herz erreicht.
Die WEISSE BRUDERSCHAFT gehört seit vielen Jahrzehnten zu den spirituell wichtigsten Impulsen die wir hier auf Erden haben. Einzelne Lichtstrahlen ihres Wirkens sind in der Welt bekannt, die Gemeinschaft in Bulgarien, der sich viele, viele tausend Menschen aufs Engste verbunden fühlen dagegen kaum. Bäuerinnen und Handwerker, Schüler, Hausfrauen, Arbeiter und auch Studenten tragen die Worte Beinsa Dunos in ihren Herzen. In Bulgarien ist es das einfache Volk und nicht die intellektuelle Oberklasse, die Zugang zu seinem Werk finden.
In Westeuropa populär geworden ist die WEISSE BRUDERSCHAFT durch einen Schüler Dunos, den in Südfrankreich wirkende Michael Iwanov (Mikhael Aivanhov).

Beinsa Duno verstand sich selber und uns alle als Schüler auf dem Weg zur Meisterschaft. Seine Schüler aber liebten und lieben ihn in solchem Maße, daß sie nur von ihm als einen „Meister" sprechen. Nun, für den einen sind wir alle Meister und für den anderen sind wir alle Schüler und für wieder andere wirkt der Schüler, der einen bestimmten Weg gegangen ist wie ein Meister, dem man mit Liebe und Verehrung begegnen kann. Wir wollen uns nicht an solchen Begriffen „aufhängen". Ich sehe die ganze Zeit während ich diese Zeilen schreibe ein gütiges, lächelndes Gesicht, das sich an der Liebe der „Schüler" zu ihrem Meister erfreut und gar nicht verstehen kann, warum ich mir mit den erklärenden Zeilen so viel Mühe mache.

Denn: „der Wind weht wohin er will und du hörst sein sausen, doch du fragst nicht woher er kommt, noch wohin er weht."
Johannes vom Kreuz

Nachfolgenden Text haben wir der interessanten Zeitschrift *Novalis* entnommen, der Zeitschrift für spirituelles Denken, Ch-8201 Schaffhausen

Wer war nun Beinsa Duno?

Peter Dunov wurde am 11.1.1864 als drittes Kind des bulga-
risch-orthodoxen Priesters Konstantin Dounnowsky geboren.
Nach seinem Schulabschluß arbeitete er zunächst fünf Jahre
lange als Volksschullehrer. Mit 24 Jahren verließ er Bulgari-
en, um in den USA Theologie und Medizin zu studieren. Er
trug sich am theologischen Institut der methodistischen Kirche in Madison (Wisconin) ein. Er belegte auch Kurse an
der medizinischen Fakultät der Stadt. Madame R.K.; eine
Buchhändlerin aus Stara Zagora, gab über seinen Ameri-
kaaufenthalt das folgende Zeugnis:
„Er hatte nichts, was zu einem jungen Mann in seinem Alter
gehört. Dieses ungewöhnliche Verhalten beunruhigte mich.
Intelligent wie er war, hätte er mit seinem rednerischen Ta-
lent eine große Karriere machen können. Hätte er sich in den
USA niedergelassen, so wären ihm alle Türen offengestan-
den, er hätte Millionär werden können. Zudem spielte er auf
zauberhafte Art Violine. Aber Peter Dunov blieb arm wie bei
seiner Ankunft. Nie zog er aus seinen reichen Gaben irgendeinen Vorteil; nie schenkte er den sich ihm eröffnenden
Möglichkeiten auch nur die geringste Aufmerksamkeit (...)
Die anderen Studenten fühlten eine große innere Zuneigung
zu ihm. Sie scharten sich um ihn und waren tief angerührt,
wenn er ihnen in wundervollen Worten von der Harmonie
und der Weisheit des Sternenhimmels sprach und von der
Größe Gottes (...) Dann gab es die Momente, wo er sich völlig zurückzog, und die Abwesenheit konnte Stunden und Tage dauern. Gelegentlich machten wir uns auf die Suche nach
ihm, neugierig wo er sich hinbegeben hatte und was er in
diesen Stunden der Einsamkeit wohl tat. Manchmal gelang
es uns, ihn an abgelegenem Ort zu entdecken. Da war er, den

Blick in die Weite gerichtet, oder mit geschlossenen Augen, im Zustand tiefer Meditation und völliger innerer Sammlung. Ein anderes Mal fanden wir ihn ins Gebet vertieft, ohne daß er uns zu bemerken schien. Stieß ihn dann jemand von uns an, so erschrak er, mit einem Gesichtsausdruck, als wäre er aus einem tiefen Traum voller Schönheit erwacht."

Während dieser Zeit wurde ihm klar, seine Aufgabe kann er nur in Bulgarien erfüllen.
Warum Bulgarien? Dieses Land war der Kreuzungspunkt dreier Kulturimpulse. Orpheus hatte einst im Bergland von Rhodope gelebt, an dessen höchstem Berg, dem Massiv von Rila (2.895 Meter), Beinsa Duno später die Grundlagen der Paneurythmie schuf. Im Mittelalter waren es die Bogumilen, welche Bulgarien und das heutige Bosnien bevölkerten und die dortige Kultur prägten. Und schließlich wirkten in Bulgarien die Heiligen Kyrillos und Methodios - die Slawenapostel, welche dem Land unter anderem die Schrift brachten.

Nach seiner Rückkehr in sein Heimatland im Jahre 1895 widmete sich Peter Dunov (Beinsa Duno) mehrere Jahre lang morpho-psychologischen Studien über die er in den Jahren 1901-1902 fünf Aufsätze veröffentlichte. Fünf Jahre vor der Veröffentlichung dieser Aufsätze hatte Dunov ein Buch mit dem Titel Wissenschaft und Erziehung publiziert, in dem er verschiedene experimentelle Erkenntnisse der Zusammenhänge unserer dreidimensionalen Welt zusammenfaßte.
In der Zeit nach 1895 sprach Dunov in verschiedenen Kreisen über wissenschaftliche und philosophische Themen. Er wurde von zahlreichen Stellen eingeladen, um seine Ansichten über die physische und geistige Welt vorzutragen, in deren Zentrum eine weit über konfessionelle Grenzen hinaus-

gehende Interpretation des Christentum und seiner Lehren stand.

Die außergewöhnlichen Fähigkeiten und Begabungen von Beinsa Duno blieben einflußreichen Stellen der bulgarischen evangelischen Kirche nicht verborgen, die ihn zur Mitarbeit aufforderten und ihm eine entsprechende Stellung anboten, in welcher er seine geistigen Bestrebungen hätte verwirklichen können. Dunov lehnte mit der Begründung ab, daß ihm jegliche dogmatische Einschränkung der Freiheit fremd sei; außerdem könne er kein Gehalt annehmen, man müsse Gott ohne Bezahlung dienen.

Auch die bulgarische Sektion der Theosophischen Gesellschaft wurde auf Peter Dunov und seine esoterischen Lehren aufmerksam. Führende Theosophen hatten sich über einen längeren Zeitraum hinweg vergewissert, daß seine Aussagen mit der theosophischen Esoterik übereinstimmten, und sie dachten daran, ihn für eine Mitarbeit und für die Verbreitung des theosophischen Lehrguts zu gewinnen. Die bulgarischen Theosophen befragten in diesem Zusammenhang verschiedene andere europäische Sektionen, und schließlich lud ihn der Präsident der bulgarischen Sektion ein, um ihm ein Angebot zu unterbreiten. In diesem Treffen brachte man ihm große Hochschätzung für seine Lehrtätigkeit entgegen, und es kamen die großen Zukunftsmöglichkeiten Beinsa Dunos in Bulgarien und im Ausland zur Sprache.

Es wird berichtet, daß Dunov mit großer Aufmerksamkeit und Wohlwollen die Einladung angehört habe, die ihm ein großes Renommee und persönlichen Erfolg in Aussicht stellte. Am Ende des Gespräches wünschte er der theosophischen Arbeit in Bulgarien aus ganzem Herzen Erfolg, lehnte aber eine Mitarbeit ab.

Am 7. März 1897 begann für Peter Dunov ein bedeutsames Jahr: Es enthüllte sich ihm der Sinn all seiner bisherigen Bemühungen, und er erhielt von oben die entsprechenden Anweisungen für die Verwirklichung seiner Aufgabe. Er war genau 33 Jahre alt. Wahrscheinlich begann er nach dem 7.3.1897 mit der Niederschrift seines Buches *Das Zeugnis der farbigen Strahlen*, in dem er die Beziehungen zwischen dem physisch sichtbaren und dem inneren Licht beschreibt.

Von 1897 bis 1900 tritt in seinem Leben eine Periode der selbstgewählten Isolation ein, in welcher er wahrscheinlich die Form seiner zukünftigen Lehren entwarf. Gegen Ende dieser Isolation versammelte er seine ersten drei Schüler um sich: der Arzt Dr. Mirkowitsch - eine für seine verschiedenen Aktivitäten bekannte Persönlichkeit - war der Älteste in diesem Kreis (1828 - 1909). Er hatte im Jahre 1860 den Papst getroffen, um mit ihm das Problem der religiösen Befreiung Bulgariens zu besprechen. Im selben Jahr veröffentlichte er die erste bulgarische Grammatik; außerdem war er Inaugurator der Phytotherapie und Homöopathie in Bulgarien.

Ppüpöenu Kirow (1868 - 1918) war der zweite Schüler, Todor Stoimenow (1872-1952) der dritte und jüngste. Diese drei äußerst gläubigen Menschen waren an spirituellen Fragen sehr interessiert.

An einem Tag im Jahre 1899 erhielten sie von ihrem Freund Peter Dunov die Einladung, an einer Kongreßversammlung" in Tirnovo teilzunehmen. Sie wandten sich dorthin und fanden einen Raum, in welchem eine große Anzahl von Stühlen bereit stand. Zur vereinbarten Zeit trat Beinsa Duno ein, eine Bibel in der Hand. Zu ihrer großen Überraschung blieben sie mit Duno allein. Todor Stoimenov berichtete über das Treffen: „Ich hörte die Worte der Heiligen Schrift; ich genoß den Frieden, der sich in meiner Seele senkte und ich fühlte, wie sich mein Geist erweiterte. Ich jubelte im Inneren und war doch zugleich mit der Frage beschäftigt: 'Und wo sind die anderen Eingeladenen, für die hier die Stühle stehen?' Als hätte Peter meine Frage erraten, antwortete er mir am Ende der Zusammenkunft: 'Im Augenblick seid ihr nur drei, aber ihr werdet viele werden. Der Raum ist nicht leer; die Stühle sind von unsichtbaren Wesenheiten besetzt. Heute geschah die erste Zusammenkunft der WEIßEN BRUDERSCHAFT in Bulgarien. Jetzt seid ihr nur drei, aber ihr werdet Tausende werden.''

Die Treffen in Tirnovo fanden nun nahezu regelmäßig statt. Im Jahre 1909 fanden sich 27 Schüler zusammen ebenso im Jahre 1910. 1912 kamen 58, 1913 fiel das Treffen aus, keiner weiß warum (Anm.d.Setzers: oder doch?).

1914 führte Beinsa Duno seine Zuhörer in die Tiefen der christlichen Lehre. Die in diesen Vorträgen geoffenbarten Wahrheiten wurden Grundlage der esoterischen Schule, die er im Jahre 1922 eröffnete. Im Jahre 1915 unterbrach Dunov die Treffen in Tirnovo, weil Bulgarien in den Weltkrieg eingetreten war.

9121 hielt er drei Vorträge über Sanftheit und Bescheidenheit; Elektrizität und Magnetismus; Verwirrung und Sorge, die der Eröffnung der esoterischen Schule vorangingen. Diese Schule war ohne Unterbrechungen von 1922 bis 1944 geöffnet. Mittwochs fand die Klassenstunde für alle statt. Sie wurde „allgemeine Klasse" genannt. Sonntags gab es eine Stunde für alle Besucher der Gemeinschaft von IZGREV (= Sonnenaufgang). Diese Gemeinschaft in der Nähe von Sofia bildete sich zu Beginn der 20er Jahre. Über 500 Familien siedelten sich in IZGREV an, darunter Ärzte, Rechtsanwälte, Zahnärzte, Dichter, Schriftsteller, Künstler. Obwohl Beinsa Duno in größter Bescheidenheit immer auf denjenigen hin-

wies, in dessen Dienst er stand und den er den einzigen Meister nannte, während alle anderen Schüler seien, wurde er selbst mehr und mehr „Meister" genannt. Seine Schülerin Viola Jordanoff Bowmann schreibt über ihn: „He loved to laugh gleefully, and he did so often."
Bis zu seinem Tode am 27. Dezember 1944 hielt Beinsa Duno rund 7.000 Vorträge, die bisher nur zur Hälfte veröffentlicht sind.

Soweit der Artikel in der Zeitschrift NOVALIS 6/98

Stefanie Gemeinhardt und Ulrich Heerd (die beiden Verleger des IN DER TAT Verlages) freuen sich nun von ganzen Herzen, daß sie gemeinsam mit einem befreundeten Verleger (Peter Gmünder vom Oratio Verlag) eine eigene Edition ins Leben rufen dürfen um im Laufe der Zeit dieses Werk zu veröffentlichen.
Die Edition wird den Namen: EDITION ANGELOV tragen.
Wir wünschen uns, daß unsere Arbeit auch an diesem Werk von solch guten Wünschen und Gedanken begleitet wird, wie wir es in der Vergangenheit immer wieder erfahren durften.
Die Herausgabe dieses umfangreichen Werkes stellt an uns die höchsten Ansprüche, sei es inhaltlicher Art, sei es kaufmännischer Art, seien es die Anforderungen an den Übersetzer - wir alle gehen mit dieser großen Herausforderung auch ein großes Risiko ein, aber wir freuen uns gemeinsam auf die Arbeit.

An dieser Stelle sei ein Zitat gestellt, das ebenfalls Zeugnis ablegt für die Genialität und Größe des „Großen heiligen Mannes aus den Bergen":

„Die Welt verbeugt sich vor mir, und ich verbeuge mich vor dem Lehrer Peter Dunov aus Bulgarien. "
Albert Einstein

Wir planen nun ab sofort die Herausgabe von jährlich 4 Büchern von Beinsa Duno.
Über zahlreiche Vorbestellungen freuen wir uns. Wir können das Risiko dadurch minimieren und gleichzeitig die Auflage eines Buches besser kalkulieren.
Im folgenden geben wir die Bestellnumern / ISBN der ersten Titel bekannt.

Beinsa Duno I*	ISBN 3-89539-601-X	ca. DM 30,--
Beinsa Duno II	ISBN 3-89539-602-8	ca. DM 30,--
Beinsa Duno III	ISBN 3-89539-603-6	ca. DM 30,--
Beinsa Duno IV	ISBN 3-89539-604-4	ca. DM 30,--

„Beinsa Duno
Die Fortsetzung zur
Gesamtausgabe"

Je Titel	ISBN 3-89539-600-1	ca. DM 30,--

(jederzeit kündbar)

*Der Titel von Beinsa Duno I, *„Der Weg des Schülers"* soll noch 1998 erscheinen.